Inhalt

Glutenfrei Backen
101 Rezepte

101 gultenfreie Rezepte von süß bis herzhaft

<u>Dora Fidler</u>

Was ist Gluten?

Gluten ist eine Art Kleber, auch Eiweißkleber genannt, der in vielen Getreidesorten vorkommt und dafür sorgt, dass Brot, Brötchen, Kuchen und Co. in Form bleiben und aufgehen. Gluten besteht aus verschiedenen Eiweißen, die sich in vielen Getreidesorten befinden. Jedoch entsteht Gluten erst, wenn die Eiweiße mit Wasser oder anderen Flüssigkeiten in Verbindung kommen. Gluten ist beispielsweise in Weizen, Emmer, Einkorn, Roggen, Hafer, Dinkel und Gerste enthalten. Neben Lebensmitteln wie Nudeln, Brot, Pizza oder Gebäck, findet man den Kleber auch in Produkten, die weniger offensichtlich sind, wie z.B. Schokolade, Fruchtjoghurt oder sogar Bier. Ganz besonders in den in verarbeiteten Fertigprodukten ist Gluten in Form von Aromen und Stabilisatoren zu finden.

Was ist Zöliakie?

Bei Zöliakie entzündet sich der Dünndarm.
Das Immunsystem stuft das für gesunde
Menschen unbedenkliche Gluten als gefähr-
lich ein und reagiert, sobald Betroffene Gluten über die Nahrung aufnehmen. Der kör-
pereigene Stoff, das Enzym Gewebetransglu-
taminase, spaltet bei gesunden Menschen
das Gluten. Da das Gluten und die Gewebe-
transglutaminase auf der Darmschleimhaut
zu finden sind, entzündet sie sich durch die
Angriffe des Immunsystems. Die Darmschleimhaut wird durch die chronische Ent-
zündung so stark geschädigt, dass die Nahrung nicht wie normalerweise über den
Darm ins Blut aufgenommen wird. Die Darmschleimhaut ist in ihrer Struktur faltig aufge-
worfen, sie bildet die sogenannten Zotten.
So können die Nahrungsbestandteile schnel-
ler vom Darm ins Blut übertreten.

Bei Zöliakie-Patienten werden diese Ausstülpungen durch die Autoantikörper zerstört. Dadurch kann es zu schweren Mangelerscheinungen kommen, da nicht genug Oberfläche für die Nährstoffaufnahme vorhanden ist.

Wer unter einer Glutenunverträglichkeit leidet, sollte sich unbedingt glutenfrei ernähren.

Zöliakie: Symptome

Verdauungsprobleme wie Durchfall, Blähungen oder Verstopfung können nach dem Verzehr von glutenhaltigen Nahrungsmitteln auftreten.

Geschwächtes Immunsystem, womit man anfälliger für Krankheiten ist.

Es können Hautprobleme wie Juckreiz entstehen oder auch Autoimmun-Reaktionen wie Schuppenflechten.

Auch psychologische Symptome wie Mutlosigkeit, Depressionen, Stimmungsschwankungen, Konzentrationsprobleme und Motivationslosigkeit.

Ebenso können Kopfschmerzen und Migräne die Folge einer Glutenunverträglichkeit sein.

Schlappheit, keine Ausdauer, chronische Müdigkeit, ohne erkennbare Ursache, Schlappheit, Kraftlosigkeit.

Eisenmangel und blasse Haut und sogar Blutarmut.

Reibeisenhaut, die eine Verhornungsstörung der Haarfollikel ist, tritt am häufigsten an den Oberarmen und Oberschenkeln auf. Es kann an dem Fettsäuren-Defizit und Vitamin-A-Defizit liegen. Durch eine geschädigte Darmwand kann dieses Symptom noch verstärkt werden.

Die meisten Symptome werden in der heutigen Schulmedizin nicht unbedingt mit der Ernährung in Verbindung gebracht. Wenn Sie sich in der Liste der Symptome wiederfinden, sollten Sie einen Arzt aufsuchen und sich auf eine Glutenunverträglichkeit untersuchen lassen. Durch einen Nachweis bestimmter Antikörper in Ihrem Blut und eine Untersuchung der Dünndarmschleimhaut kann eine Zöliakie festgestellt werden.

Glutenfrei backen

Wenn Sie unter einer Glutenunverträglichkeit leiden oder sich glutenfrei ernähren
möchten, dann müssen Sie nicht auf leckeres
Brot, Brötchen, Kuchen und Co. verzichten.
Es gibt viele Möglichkeiten zu backen, ohne
Gluten verwenden zu müssen. Mit den richtigen Zutaten und der richtigen Zubereitung
werden Sie ganz ohne den Eiweißkleber aus-
kommen. Nachfolgend haben wir 101 le-
ckere Rezepte für Sie zusammengestellt. Von
süß bis herzhaft, hier ist für jeden was dabei.
Viel Spaß beim Backen und guten Appetit!

Kuchen, Torten, Gebäck

1.Glutenfreie Johannisbeer-Torte

Zutaten:

Für den Boden:
4 Eier

200 g Zucker

280 g gemahlene Mandeln

20 g Maisstärke

1 TL Backpulver

1 Prise Salz

150 g weiche Butter

Für die Füllung:
8 Blatt rote Gelatine

400 ml Sahne

Backpapier für die Form

500 g rote Joannisbeeren

250 ml Johannisbeersaft oder Nektar

200 g Zucker

Zubereitung:

Heizen Sie den Backofen auf 175° (Umluft)
vor. Legen Sie eine Springform (26 cm Durch-
messer) mit Backpapier aus. Zucker mit Salz
und Butter schaumig schlagen. Anschließend
die Eier zugeben. Mischen Sie die Maisstärke
mit den Mandeln und dem Backpulver und
rühren Sie es unter. Geben Sie den Teig in
die Form und ca. für 30 Min backen. Anschließend auskühlen lassen. Der Boden wird
zerbröseln. Setzen Sie den Springformrand
auf eine Tortenplatte. Nun werden zwei Drit-
tel der Brösel in die Form drücken.
Waschen Sie die Johannisbeeren und abzup-
fen sie. 4-5 Rispen zum Verzieren aufheben.
Weichen Sie die Gelatine ein. Den Johannis-
beerenaft mit Zucker erwärmen, solange bis
der Zucker sich aufgelöst hat. Geben Sie die
Johannisbeeren und die Gelatine hinzu. Die
Masse ca. 1Std. in den Kühlschrank stellen.
Schlagen Sie die Sahne steif und heben sie
unter die Beerenmasse. Anschließend die
Masse auf den vorbereiteten Boden geben.
Bestreuen Sie die Oberfläche mit den restli-

chen Kuchenbröseln. Die Torte für 4 Stunden kalt stellen. Anschließend die Torte mit den restlichen Johannisbeeren verzieren.

2. Glutenfreie Beeren-Törtchen

Zutaten:

1 TL Puderzucker
150 g weiße oder dunkle Kuvertüre
150 g tiefgefrorene Beeren
10 g Kokosfett
1 Beutel Tortencreme (Erdbeer-Sahne)
100 g glutenfreie Cornflakes
200 g Schlagsahne

Zubereitung:

Hacken Sie die Kuvertüre grob und lassen Sie
diese in einem warmen Wasserbad mit dem
Kokosfett schmelzen. In einer Küchenmaschine die Cornflakes fein zerbröseln. Zu den
Cornflakes die Schokoladenmasse einrühren.
Bedecken Sie eine Platte mit Backpapier und
setzen darauf 6 Dessertringe. Den Corn-
flakes-Schokoladenmix als Boden in die Ringe
geben. Das Ganze muss für ca. 30 Minuten
im Kühlschrank ruhen. In der Zeit schlagen

Sie die Sahne steif. Dabei das Tortencreme-
pulver einrieseln lassen. Die Sahnecreme auf
die Törtchen verteilen und darauf die gefro-
renen Beeren geben. Die Beeren bestreuen
Sie mit dem Puderzucker. Zum Schluss müssen die Törtchen für ca. 2 Stunden im Kühlschrank stehen, bevor diese serviert werden
können.

3. Glutenfreier Käsekuchen

Zutaten:

evtl. Schokoladenraspel
5 Eier
evtl. Rosinen
1 kg Quark
evtl. Früchte
150 g Zucker
2 Pack. Vanillepuddingpulver
250 g Margarine
1 Pack. Vanillezucker

Zubereitung:

Zuerst trennen Sie die Eier. Das Eiweiß steif schlagen und das Eigelb mit der Margarine, dem Zucker, dem Puddingpulver sowie dem Vanillezucker schaumig rühren. Danach den Quark unterrühren. Zum Schluss das Eiweiß unterheben. Eine Springform mit Backpapier auslegen und den Teig hineinfüllen. Den Kuchen bei 180 °C Ober- / Unterhitze auf der untersten Schiene ca. 50 Minuten backen.

Wenn Sie Rosinen oder Schokoladenraspel im Käsekuchen möchten, dann können Sie diese vorher unter den Quark rühren.

4. Glutenfreier Schokokuchen

Zutaten:

200 g gemahlene Mandeln
6 Eier
50 g Kakaopulver
1 Prise Salz
1 TL Vanilleextrakt
200 ml Wasser
250 g entsteinte Datteln

Zubereitung:

Den Backofen auf 170 °C Umluft vorheizen. Den Rand einer Springform einfetten und den Boden mit Backpapier auslegen. Die Eier trennen. Das Eiweiß mit einer Prise Salz steif schlagen. Die Datteln mit dem Wasser in einen Mixer geben. Danach das Eigelb, das Kakaopulver und den Vanilleextrakt hinzugeben. Alles zusammen mixen. Unter die Schokoladenmasse 1/3 des Eischnees heben. Den restlichen Eischnee nach und nach unter die gemahlenen Mandeln heben. Den fertigen

Teig in die Springform füllen und ca. 25 Minuten auf der mittleren Schiene im Backofen backen. Den fertigen Kuchen nach dem Abkühlen mit Kakaopulver bestreuen.

5. Glutenfreier Zitronenkuchen

Zutaten:

125 g Puderzucker
250 g Butter
Fett für die Form
200 g Zucker
½ gestrichener TL Weinsteinbackpulver
1 EL Vanillezucker
250 g glutenfreies Mehl
4 Eier
1 unbehandelte Zitrone

Zubereitung:

Die Butter muss sehr weich sein. Reiben Sie eine Kastenform mit etwas Butter ein und heizen Sie den Backofen auf 160 °C vor. Die Butter mit dem Vanillezucker und dem Zucker schaumig schlagen. Nach und nach die vier Eier hinzugeben und diese unterrühren. Von der Zitrone die Schale abreiben und zum Teig geben. Danach Mehl und Backpulver untermischen und alles gut verrühren. Den fertigen Teig geben Sie in die Kastenform und backen ihn ca. 70 Minuten. Sobald der Kuchen fertig ist, abkühlen lassen und aus der Form nehmen. Die Zitrone auspressen. Mit dem Zitronensaft und dem Puderzucker einen Guss herstellen und damit zum Schluss den Kuchen bestreichen.

6. Glutenfreier Eierlikörkuchen

Zutaten:

1 Pack. Backpulver
5 Eier
125 g Kartoffelmehl
1 Pack. Puderzucker
125 g Buchweizenmehl
2 Pack. Vanillezucker
250 ml Eierlikör
250 ml neutrales Öl

Zubereitung:

Die Eier mit dem Vanillezucker und dem Puderzucker schaumig rühren. Danach das Öl und den Eierlikör unterrühren. Anschließend Buchweizenmehl, Kartoffelmehl und Backpulver hinzugeben. Alles gut verrühren. Im Anschluss eine Gugelhupfform einfetten und den Teig in die Form füllen. Der Kuchen wird im vorgeheizten Backofen ca. 60 Minuten bei 150 °C gebacken. Sobald der Kuchen fertig ist, in der Form abkühlen lassen und danach aus der Form nehmen.

7. Nuss-Schoko-Muffin

Zutaten:

100 g zartbitter Schokotröpfchen
100 g Zucker
2 Msp. Weinsteinbackpulver
2 mittelgroße Eier
20 g glutenfreies Kakaopulver
1 Prise Salz
20 g Kakao
100 ml Öl
80 g glutenfreie Speisestärke
100 ml Pflanzenmilch
150 g gemahlene Haselnüsse

Zubereitung:

Heizen Sie den Backofen auf 180°C Umluft
vor. Legen Sie in ein Muffinbackblech Papierförmchen. Die Eier, Zucker, Salz schaumig
rühren. Nach und nach fügen Sie das Öl und
die Milch hinzu. In einer separaten Schüssel
verrühren Sie die Nüsse mit der Speisestärke,

dem Kakao, dem Kakaopulver und dem Backpulver. Danach geben Sie die flüssigen Zutaten hinzu und verrühren alles kurz. Zum
Schluss heben Sie die Schokotröpfchen unter. Den fertigen Teig geben Sie in die Muffinförmchen und backen diese für ca. 20 Minuten in dem Backofen.

8. Glutenfreier Nuss-Kirsch-Kuchen

Zutaten:

Puderzucker zum Bestäuben
175 g Butter
1 Glas Sauerkirschen
175 g Zucker
1 TL Zimtpulver
4 Eier
1 TL glutenfreies Backpulver
100 g Schokoladenraspel
125 g glutenfreie Mehlmischung

Zubereitung:

Rühren Sie die Butter schaumig. Danach den Zucker und die Eier nach und nach hinzugeben. Die Schokolade mit der Mehlmischung, dem Zimt, dem Backpulver und den Nüssen vermischen. Diese Mischung vorsichtig mit der Eiermischung vermengen. Den fertigen Teig in eine Springform mit 26 cm ø geben. Darüber verteilen Sie die abgetropften Kir-

schen. Bei 200 °C Ober- / Unterzitze (Heiß-
luft: 175 °C) wird der Kuchen ca. 45 bis 50
Minuten gebacken. Nach dem Abkühlen bestreuen Sie den fertigen Kuchen mit dem Puderzucker.

9. Glutenfreier Marmorkuchen

Zutaten:

glutenfreies Mehl zum Bestreuen der Form
500 g glutenfreies Mehl
Fett für die Form
250 g Margarine
1 Pack. Puderzucker
250 ml Milch
1 Pack. Mandelblättchen
5 mittelgroße Eier
2 Tafeln Kuvertüre
1 Pack. glutenfreies Backpulver
3 EL Zucker
1 Pack. Vanillezucker
1 kl. Flasche Rumaroma
230 g Zucker
2 EL Milch
3 EL dunkles Kakaopulver
3 EL Rum

Zubereitung:

Verrühren Sie die Margarine wird mit dem Zucker. Nach und nach Zucker, Vanillezucker, Eier, Salz und Rumaroma hinzugeben und alles unterrühren. Danach das Mehl mit dem Backpulver vermischen und abwechselnd mit der Milch einrühren. Eine Form einfetten und diese mit dem Mehl bestäuben. Danach 2/3 des Teiges in die Form geben. Den restlichen Teig mit dem Kakaopulver und den übrigen Zutaten verrühren. Den dunklen Teig auf den hellen Teig in der Form geben. Mit einer Gabel die beiden Teigsorten spiralförmig verrühren. Der fertige Teig muss bei 200 °C Ober- / Unterhitze ca. 60 bis 75 Minuten backen. Nach Ablauf der Zeit bleibt der Kuchen noch für 5 weitere Minuten im Backofen. Danach wird dieser aus der Form genommen und abgekühlt. Sobald der Kuchen ausgekühlt ist, kann dieser mit dem Puderzucker oder der geschmolzenen Kuvertüre überzogen und mit Mandelblättchen bestreut werden.

10. Glutenfreie Schwarzwälder-Kirsch-Torte

Zutaten:

½ Pack. dunkle Schokoladenraspel

150 g Margarine

2 Becher süße Sahne

100 g Zucker

2 EL Speisestärke

3 Pack. Vanillezucker

1 Glas Kirschen

3 Eier

150 g gemahlene Haselnüsse

3 gehäufte EL dunkles Kakaopulver

2 TL glutenfreies Backpulver

Zubereitung:

Rühren Sie die Margarine mit dem Zucker und 1 Päckchen Vanillezucker schaumig. Nach und nach die Eier unterrühren. Die gemahlenen Nüsse in einer separaten Schüssel mit dem Backpulver und dem Kakaopulver vermischen. Die Nussmischung anschließend mit dem Teig verrühren. Eine Springform mit

28 cm ø einfetten. Danach den Teig hineingeben und ca. 35 Minuten im Backofen backen. Der Kuchenboden muss danach abkühlen. In der Zeit die Kirschen inklusive Kirsch-
wasser in einen Topf geben. 3 bis 4 EL der
Flüssigkeit vor dem Erhitzen zur Seite nehmen. Darin lösen Sie die Speisestärke auf.
Die Kirschen erhitzen. Bei starker Hitze die
Speisestärke nach und nach unterrühren. Es
sollte eine sämige Konsistenz entstehen. Die
Kirschmasse auf dem dunklen Boden verteilen. Die Sahne mit 2 Päckchen Vanillezucker
steif schlagen und auf den Kuchen geben.
Das Ganze mit den Schokoraspeln dekorie-
ren.

11. Glutenfreie Butter-Kekse

Zutaten:

Schokoglasur
250 g weiche Butter
300 g glutenfreies Mehl
200 g Puderzucker
3 Eier

Zubereitung:

Rühren Sie zuerst die Butter cremig. Danach den Puderzucker hinzufügen. Die Eier nach und nach hineingeben und alles gut verrühren. Zum Schluss das Mehl unterrühren. Einen Spritzbeutel mit einer zackigen Lochtülle versehen und dort den Teig hineingeben. Auf ein mit Backpapier ausgelegtes Backblech kleine Teig-Tupfen spritzen und im vorgeheizten Backofen bei 175 °C Umluft ca. 10 Minuten backen. Nach Ablauf der Zeit müssen die Kekse 3 Minuten auf dem Backblech bleiben. Danach können sie zum Auskühlen auf ein Gitter gelegt anschließend zur Hälfte in die geschmolzene Schokoglasur getaucht werden.

12. Glutenfreie Donauwelle

Zutaten:
Schokoglasur
1 Glas Sauerkirschen
Milch nach Bedarf
125 g Zucker
Butter nach Bedarf
125 g Butter
1 Pack. Vanille-Creme-Pulver
3 Eier
1 EL Kakaopulver
2 EL Milch
2 TL Backpulver
200 g helles glutenfreies Mehl

Zubereitung:

Lassen Sie die Kirschen abtropfen. Die Butter vermischen Sie mit dem Zucker. Danach die Eier und die Milch hinzufügen. Das Mehl mit dem Backpulver mischen und die Mehl-Back-pulvermischung unterrühren. In eine gefet-tete Springform, die am Boden mit Backpapier ausgelegt ist, die Hälfte des Teiges geben. Darauf die Kirschen verteilen. Den Kakao unter den restlichen Teig rühren. Den dunklen Teig auf die Kirschen streichen. Alles bei 175 °C Umluft 30 Minuten backen. Den fertigen Kuchen auf eine Kuchenplatte legen und diesen mit einem Tortenring umhüllen. Das Cremepulver nach Packungsanweisung zubereiten und die Creme auf dem Tortenboden verteilen. Das Ganze muss 2 Stunden lang gekühlt werden. Die Schokoladenglasur schmelzen und löffelweise auf der Creme verteilen. Der Kuchen muss nochmals für ca. 30 Minuten abkühlen.

13. Glutenfreier Amarant-Kuchen

Zutaten:

1 EL Chiasamen

250 g Butter

2 gehäufte EL Reisflakes

220 g Maisstärke

100 g Schmand

2 EL Amarantmehl

200 g frische Himbeeren

40 g Mandelmehl

3 gehäufte EL Amarant gepufft mit Honig

1 Prise Salz

5 g Backpulver

etwas gemahlene Vanille

260 g Xylit

5 mittelgroße Eier

Zubereitung:

Heizen Sie den Backofen wird auf 175 °C
Ober- / Unterhitze vor. Die weiche Butter
rühren Sie mit der Speisestärke, dem Amarantmehl, Mandelmehl und Salz mindestens
2 Minuten lang cremig. Die Eier nach und

nach unterschlagen. Das Backpulver mit dem Zucker und der Vanille mischen und portionsweise unter den Teig rühren. Danach den Schmand unterrühren. Danach Reisflakes, Chiasamen sowie den gepufften Amarant hinzugeben. Zum Schluss vorsichtig die Himbeeren unterheben. Eine Königskuchenform mit Backpapier auslegen und den Kuchenteig hineingeben. Den Kuchen auf der untersten Schiene ca. 75 Minuten backen. Nach 20 Minuten den Kuchen in der Mitte mit einem Messer leicht einschneiden. Sobald der Kuchen ca. 30 Minuten gebacken wurde, wird die Hitze auf 165 °C reduziert. Nach 60 Minuten Backzeit den Kuchen mit Alufolie abdecken und eine Stäbchenprobe machen. Der fertige Kuchen wird in der Backform abgekühlt und anschließend aus der Form genommen. Das Backpapier vorsichtig ablösen und den Kuchen auf einem Kuchengitter vollständig auskühlen lassen.

14. Glutenfreie Cookies

Zutaten:

150 g weiße Schokotropfen
280 g glutenfreie Mehlmischung für Kekse
150 g dunkle Schokotropfen
1 gestrichener TL Backpulver
1 Ei
1 gestrichener TL gemahlene Flohsamenschalen
60 g Frischkäse
1 gestrichener TL Salz
170 g weiche Butter
100 g Zucker
170 g brauner Zucker
1 Pack. Vanillezucker

Zubereitung:

Mischen Sie in einer Schüssel die Mehlmischung mit dem Backpulver und den Flohsamenschalen. Die Butter mit dem Frischkäse,
Zucker, Vanillezucker, braunen Zucker sowie
dem Salz in einer separaten Schüssel 2 Minu-

ten lang verrühren. Danach das Ei hinzugeben und alles weitere 5 Minuten verrühren.
Danach die Mehlmischung hinzugeben. Auf
mittlerer Stufe alles nochmals kurz verrühren. Unter den Teig die Schokotropfen geben. Zum Schluss muss der fertige Teig für
mindestens 3 Stunden im Kühlschrank kühlen. Den Backofen auf 180 °C Ober- / Unterhitze vorheizen und ein Backblech mit Backpapier auslegen. Aus dem Teig mit einem
Esslöffel ca. 4 cm breite Kugeln abstechen.
Die Kugeln mit reichlich Abstand auf das
Backblech legen und auf mittlerer Schiene
ca. 10 bis 12 Minuten backen. Die fertigen
Cookies müssen auf dem Blech einige Minuten auskühlen bevor sie auf ein Gitter gelegt
werden können.

15. Glutenfreies Spritzgebäck

Zutaten:

Kuvertüre nach Wunsch
250 g zimmerwarme Butter
450 g glutenfreies Mehl
125 g gemahlene Haselnüsse
250 g Vanillezucker
2 Eier

Zubereitung:

Rühren Sie die Butter mit dem Vanillezucker
und den Eiern schaumig. Danach die Haselnüsse und das Mehl hinzugeben und alles
gut verrühren. Jetzt zwei Backbleche mit
Backpapier auslegen. Den Teig portionsweise
in einen Spritzbeutel geben und auf das
Blech spritzen. Die Bleche werden über
Nacht kühlgestellt. Am nächsten Tag heizen
Sie den Backofen auf 180 °C Ober- / Unterhitze vor und backen das Gebäck auf der
mittleren Schiene ca. 10 bis 12 Minuten. Sobald das Gebäck fertig ist, das Spritzgebäck

auf dem Blech abkühlen lassen. Nach Bedarf kann das Spritzgebäck mit Kuvertüre überzogen werden.

16. Glutenfreier Apfelkuchen

Zutaten:

Mark einer Vanilleschote

270 g glutenfreies Mehl

50 g gemahlene Mandeln

60 g Maisstärke

1 Prise Salz

200 g Butter

1 kleines Ei

100 g weißer Zucker

50 g brauner Zucker

100 g Hagelzucker

Zubereitung:

Für den Boden verrühren Sie den weißen Zucker mit 100 g Butter und dem Ei. Danach 170 g Mehl, 50 g Maisstärke und das Salz unterrühren. Das Ganze muss für 30 Minuten kaltgestellt werden. Für die Streusel die gemahlenen Mandeln mit 100 g Mehl, dem Hagelzucker und 100 g Butter verrühren und ebenfalls 30 Minuten kaltstellen. In der Zeit die Äpfel schälen, entkernen und in Würfel schneiden. Die Apfelwürfel mit dem braunen Zucker süßen. Danach die restliche Maisstärke und das Vanillemark hinzugeben. Den Bodenteig ausrollen und in eine Springform mit 26 cm ø legen. Jetzt die Apfelmischung hineingeben und alles mit den Streuseln bedecken. Der Kuchen muss danach ca. 50 Minuten bei 180 °C backen.

17. Glutenfreie Brownies

Zutaten:

7 EL zuckerfreier Apfelmus
115 g Mandelmehl
120 g vegane Pflanzenmargarine
30 g Kokosmehl
130 g Agavendicksaft
60 g Kakaopulver
1 EL Backpulver

Zubereitung:

Sie vermischen alle trockenen Zutaten und stellen es zur Seite. Die Margarine mit dem Agavendicksaft aufschlagen. Danach den Apfelmus hinzugeben und alles verrühren. Zum Schluss den trockenen Zutatenmix untermischen. Den fertigen Teig in eine Springform geben und bei 175 °C ca. 40 Minuten backen. Vor dem Servieren muss der Kuchen vollständig auskühlen.

18. Glutenfreier Sandkuchen

Zutaten:

2 EL Puderzucker
250 g Margarine
½ TL Backpulver
250 g Zucker
10 g Biobin
1 Pack. Bourbonvanille
125 g Kartoffelmehl
4 Eier
125 g Reismehl
3 Tropfen Zitronenölaroma
1 Prise Salz

Zubereitung:

Heizen Sie den Backofen auf 175 °C vor. Die Margarine mit dem Zucker und dem Vanille-zucker schaumig schlagen. Danach Öl und Salz hinzugeben. Das Mehl mit dem Biobin und dem Backpulver vermischen und diese Mischung ebenfalls zu dem Teig geben. Die fertige Masse in Muffinförmchen verteilen und ca. 25 Minuten backen. Sobald die Muffins abgekühlt sind, mit dem Puderzucker bestäuben.

19. Glutenfreie Quarkbällchen

Zutaten:

Zucker zum Wälzen
180 g glutenfreies Mehl
Fett zum Frittieren
50 g Speisestärke
1 EL Flohsamenschalen
2 große Eier
250 g Magerquark
75 g Zucker
½ Pack. Backpulver
1 Pack. Vanillezucker
2 Prisen Salz

Zubereitung:

Die Eier schlagen Sie kurz mit dem Salz, dem
Zucker und dem Vanillezucker mit einem
Schneebesen auf und rühren danach den
Quark unter. Anschließend Mehl mit der
Stärke, dem Backpulver und den Flohsamen-
schalen in den Teig rühren. Nun einen Esslöf-
fel in heißes Fett tauchen. Damit werden

Bällchen von dem Teig abgestochen. Diese jeweils ca. 2 Minuten von beiden Seiten frittieren. Mit einem Schaumlöffel die Quarkbällchen aus dem Fett nehmen und auf einem Küchenpapier abtropfen lassen. Zum Schluss die Bällchen in Zucker wälzen.

20. Glutenfreier Zwetschgenkuchen

Zutaten:

3 TL brauner Zucker
1,3 kg Zwetschgen
2 TL glutenfreies Weinsteinbackpulver
220 g Butter
150 g Maismehl
150 g Puderzucker
120 g gemahlener Buchweizen
1 Prise Salz
4 große Eier

Zubereitung:

Waschen, halbieren und entkernen Sie die Zwetschgen. Die zimmerwarme Butter klein schneiden und mit dem Salz sowie dem Puderzucker ca. 6 Minuten schaumig rühren. Die Eier in einer separaten Schüssel verquirlen und nach und nach unter die Buttermasse rühren. Mit dem Backpulver beide Mehlsorten vermischen und unter den Teig heben. Auf ein mit Backpapier ausgelegtem

Backblech den fertigen Teig streichen. Darauf eng die Zwetschgen legen und mit dem braunen Zucker bestreuen. Im vorgeheizten Backofen backen Sie den Kuchen 35 Minuten bei 180 °C. Nachdem der Kuchen abgekühlt ist, mit Staubzucker bestreuen.

21. Glutenfreier Topfkuchen

Zutaten:

2 EL Mehl für die Form
250 g Butter
1 EL Butter für die Form
250 g Zucker
250 g Mascarpone
3 Eier
1 Zitrone
1 Pack. Vanillezucker
1 kg Topfen
2 Pack. Vanillepuddingpulver
1 Pack. Backpulver

Zubereitung:

Nehmen Sie die Butter aus dem Kühlschrank
und heizen Sie den Backofen auf 170 °C vor.
Eine runde Springform mit Butter bestreichen und bemehlen. Die Butter mit dem Zucker und den Eiern verrühren. Danach das
Vanillepuddingpulver unterrühren. Die Zitrone auspressen. Den Zitronensaft mit dem

Topfen, der Mascarpone, dem Backpulver und dem Vanillezucker unterrühren. Den Teig anschließend in die Springform füllen und bei ca. 170 °C auf der mittleren Schiene ca. 60 Minuten backen.

22. Glutenfreies Tiramisu

Zutaten für 6 Portionen:

2 EL Kakao

3 EL Reismehl

1 Schuss Rum

1 EL brauner Rohrzucker

1 Tasse kalter Kaffee

1 Ei

5 EL brauner Rohrzucker für die Creme

150 g Naturjoghurt

5 Eier

½ Pack. Backpulver

500 g Mascarpone

Zubereitung:

Vermischen Sie das Reismehl mit dem Backpulver. In einer Schüssel das Ei mit dem Naturjoghurt und dem braunen Zucker vermischen Sie . Danach die Reismehl-Backpulvermischung hinzufügen und alles gut verrühren. Das Ganze in einen geschlossenen Dampfgarer geben und bei 100 °C 20

Minuten garen lassen. Den Teig abkühlen lassen und in der Zeit die Creme vorbereiten. Dazu die Eier trennen und in zwei Schüsseln geben. Das Eigelb mit 5 EL Zucker schaumig schlagen. Danach die Mascarpone hinzugeben und gut verrühren. Das Eiweiß steif schlagen und unter die Mascarpone heben. Das Ganze mit dem Rum und dem Kaffee vermischen. Sobald der Kuchenteig abgekühlt ist, wird dieser in Streifen geschnitten. Die Teigstreifen mit der Kaffee-Rum-Mischung tränken. In einer großen Schale abwechselnd Mascarponecreme und Kaffeekuchenstücke schichten. Die letzte Schicht sollte die Creme sein. Alles für ca. 4 Stunden kühlstellen. Vor dem Servieren wird das Tiramisu mit Kakao bestreut.

23. Glutenfreie Bananen-Muffins

Zutaten:

Puderzucker zum Bestreuen
120 g Butter
50 g geröstete Mandelblättchen
100 g Zucker
Saft einer halben Zitrone
3 Eier
2 Bananen
220 g glutenfreies Mehl
150 - 200 ml Milch
1 TL Backpulver
1 Prise Salz
½ TL gemahlene Flohsamenschalen

Zubereitung:

Rühren Sie die Butter schaumig und geben
Sie nach und nach Zucker und Eier hinzu. Al-
les nochmals schaumig rühren. Das Mehl mit
Backpulver, Salz und den Flohsamenschalen
vermischen und alles mit der Milch in den
Teig rühren. Die Schalen von den Bananen

entfernen und letztere in Scheiben schneiden. Die Bananenscheiben mit dem Zitronensaft beträufeln. In Muffinformen Papierförmchen legen. In die Förmchen jeweils 1
Esslöffel Teig geben. Darauf kommen die Bananenscheiben. Diese mit den Mandelblättchen bestreuen. Über die Mandelblättchen
geben Sie wieder einen Esslöffel Teig. Zum
Schluss die restlichen Mandelblättchen
darüberstreuen. Die Muffins müssen ca. 25
Minuten bei 200 °C backen. Die fertigen
Muffins auf einem Gitterrost auskühlen lassen und vor dem Servieren mit Puderzucker
bestreuen.

24. Glutenfreie Äpfel-Zimtwaffeln

Zutaten:

1 Schnapsglas Amaretto
150 g Butter
1 geriebener säuerlicher Äpfel
150 g Zucker
1 Msp. gemahlene Nelken
1 Prise Salz
1 gestrichener TL Zimt
4 Eier
1 gestrichener TL Backpulver
250 g Maisstärke

Zubereitung:

Rühren Sie die Butter mit dem Zucker und dem Salz schaumig. Nach und nach die Eier hinzugeben. Die Maisstärke mit Backpulver, Nelken und Zimt vermischen. Die Maisstärkemischung unter den Teig rühren. Zum Schluss den geriebenen Apfel unterheben.

Mit einem vorgeheizten Waffeleisen die Waffeln ausbacken. Vor dem Servieren die fertigen Waffeln mit Puderzucker bestreuen.

25. Glutenfreie Berliner

Zutaten:

Puderzucker zum Bestreuen

450 g helles glutenfreies Mehl

Kokosfett zum Frittieren

50 g Tapiokastärke

Marmelade oder Pudding zum Füllen

1 Prise Salz

400 ml lauwarme Milch

3 EL Zucker

50 g weiche Butter

1 Bourbon-Vanillezucker

1 Ei

1 TL gemahlener Flohsamenschalen

1 Pack. Trockenhefe

1 TL Xanthan

Zubereitung:

Vermischen Sie das Mehl mit der Tapiokastärke, dem Salz, dem Zucker, dem Vanillezucker, den Flohsamenschalen und dem Xan-

than. Die Mehlmischung in eine Schüssel geben und eine Vertiefung bilden. Dort die Hefe sowie eine Prise Zucker hineingeben. Die Hefe mit 1/3 der Milch übergießen und das Ganze etwa 15 Minuten stehen lassen, bis sich Blasen bilden. Danach Ei, Butter und die restliche Milch hinzugeben. Das Ganze 5 Minuten kneten. Mit einem Geschirrtuch die Schüssel abdecken und den Teig für 15 Minuten ruhen lassen. Aus dem fertigen Teig auf einer bemehlten Unterlage eine Rolle formen und in gleichgroße Teile schneiden. Aus diesen Stücken Kugeln formen und auf eine bemehlte Unterlage legen. Diese mit einer Folie bedecken und lassen alles 15 bis 20 Minuten gehen. In der Zeit das Fett in einem hohen Topf erhitzen. Darin die Berliner von allen Seiten backen. Dann die Berliner auf einer Küchenrolle abtropfen lassen. Die fertigen Berliner mit Puderzucker bestreuen. Die Marmelade oder den Pudding mit einer Spritztülle in die Berliner füllen.

26. Glutenfreie Nussrolle

Zutaten:

Puderzucker und Zitronensaft zum Glasieren

Zutaten für den Hefeteig:

450 g helles glutenfreies Mehl
1 TL gemahlene Flohsamenschalen
1 TL Xanthan
1 Päckchen Trockenhefe
1 Ei
50 g weiche Butter (laktosefrei)
50 g Tapiokastärke
1 Prise Salz
3 EL Zucker
400 ml lauwarme Milch (laktosefrei)

Für die Füllung:

evtl. 1 EL Rum
250 - 300 g gemahlene Haselnüsse
Sahne
3 - 4 EL Zucker

1 TL Zimt

Zubereitung Hefeteig:

Zucker, Flohsamenschalen, Mehl mit Salz und Xanthan mischen und in die Schüssel der Küchenmaschine geben, mittig eine Vertiefung bilden. Anschließend die Hefe mit ein wenig Zucker und 1/3 der Flüssigkeit hinzufügen und ca. 10 Min. abwarten bis sich Blasen bilden. Den Teig mit einem Tuch abdecken und 20 Min. ruhen lassen.

Für die Füllung, die Nüsse mit dem Zucker, der Sahne und dem Rum verrührt, bis eine streichfähige Paste entsteht. Rollen Sie den Hefeteig zu einem Quadrat aus und mit der Nussmasse bestreichen. Nun den Hefeteig aufrollen. Legen Sie die Teigrolle auf ein eingefettetes Backblech und zum Gehen in den lauwarmen Ofen schieben. Danach im vorgeheizten Backofen 40 bis 45 Minuten bei 180 °C backen. Die noch heiße Nussrolle mit der Zitronenglasur bestreichen.

27. Glutenfreie Rhabarberkekse

Zutaten:

200 g Rhabarber
70 g Maisgrieß
65 g Pflanzenmargarine
45 g gemahlene Haselnüsse
40 g Traubenzucker
50 g gemahlene Mandeln
7 g gemahlene Flohsamenschalen

Zubereitung:

Waschen Sie den Rhabarber und schneiden Sie ihn in kleine Stücke. Lassen Sie den Rhabarber anschließend eine Weile stehen. Danach den Rhabarber mit dem Maisgrieß, den Haselnüssen, Mandeln, Flohsamenschalen, dem Traubenzucker und der Pflanzenmargarine in einem Mixer pürieren. Es sollte ein homogener Teig entstehen. Aus dem fertigen Teig Kugeln formen und diese platt drücken. Die Rhabarberkekse auf ein mit Backpapier belegtes Backblech legen. Danach die

Kekse 15 Minuten bei 180 °C Ober- / Unterhitze backen.

28. Glutenfreie Pfannkuchen

Zutaten:

20 ml Sonnenblumenöl zum Braten
100 g Kichererbsenmehl
600 ml kohlensäurehaltiges Mineralwasser
100 g Maismehl
1 TL Eiersatz
100 g Buchweizenmehl
2 TL Zucker
1 TL Salz

Zubereitung:

Vermischen Sie die Mehlsorten mit dem Salz
und dem Zucker. Danach langsam das Wasser einrühren. In einer Pfanne das Öl erhitzen. Darin jeweils einen kleinen Pfannkuchen
von beiden Seiten goldbraun backen.

29. Glutenfreie Donuts

Zutaten:

1 TL Apfelessig
60 g Maisstärke
1 Pack. Backpulver
30 g Kartoffelmehl
60 ml Milch
60 g Reismehl
100 g Quark
20 g Sojamehl
2 EL Sonnenblumenöl
1 Pack. Vanillezucker
60 g Zucker

Zubereitung:

Vermischen Sie das Backpulver mit dem Essig. Alle restlichen Zutaten zu einem zähen Teig verrühren. Zum Schluss die Backpulver-Essigmischung hinzufügen. Den fertigen Teig in Donutformen füllen.

Die Donuts ca. 15 Minuten bei 180 °C backen. Bevor die Donuts aus der Form genommen werden, müssen sie ca. 10 Minuten abkühlen.

30. Glutenfreier Kokos-Ananas-Kuchen

Zutaten:

Zitronensaft

1 Dose Ananas

100 g Puderzucker

200 g weiche Butter

50 g Kokosraspeln

150 g Zucker

3 gestrichene TL Weinsteinbackpulver

1 Pack. Vanillezucker

100 g Kokosmehl

1 Prise Salz

180 g helles glutenfreies Kuchenmehl

4 Eier

100 ml Ananassaft

250 g Kokoscreme

Zubereitung:

Lassen Sie die Ananas in einem Sieb abtropfen und fangen Sie dabei den Saft auf. Die Butter mit dem Zucker und Vanillezucker schaumig rühren. Nach und nach die Eier hinzugeben. Danach die Kokoscreme sowie

den Ananassaft hineinrühren. Das Kuchenmehl mit dem Backpulver und dem Kokosmehl mischen. Zu der Eier-Buttermischung
die Mehlmasse geben und alles kurz verrühren. Fetten Sie eine Springform mit 26 cm ø
ein. Dort den Teig hineingeben und die Ana-
nasscheiben darauf verteilen. Damit die Ana-
nasscheiben halten, müssen sie leicht einge-
drückt werden. Darüber die Kokosflocken
streuen. Den Backofen auf 180 °C Ober- /
Unterhitze vorheizen. Den Kuchen auf der
mittleren Schiene ca. 30 Minuten backen.
Aus Zitronensaft und Puderzucker stellen Sie
eine Glasur her. Mit einem Spritzbeutel wird
die Glasur kreuz und quer über den fertigen
Kuchen verteilt.

31. Glutenfreies Kokosbrot

Zutaten:

200 g Mais, gemahlen
150 g Kokosraspel
1/2 Tüte Backpulver
350 ml Milch
1 Prise(n) Salz
100 g Rohrzucker
50 g Margarine, ungehärtete

Zubereitung:

Salz, Kokosraspel, Mehl, Zucker und Backpulver gut vermischen. Milch mit flüssiger Margarine hinzufügen und unterrühren. Nun füllen Sie den Teig in die mit Backpapier ausgelegte Kastenform. Das Ganze für 1 Stunde bei 175 C backen.

32. Glutenfreier Marmorkuchen mit Birne

Zutaten:

3 EL Aprikosen-Konfitüre

250 g Butter

4 EL Hagelzucker

1 Pack. Vanillin-Zucker

5 kleine Birnen

4 Eier

2 EL Kakao

500 g glutenfreies Mehl

Fett und glutenfreies Paniermehl für die Form

1 Pack. Backpulver

60 ml Milch

Zubereitung:

Rühren Sie die weiche Butter mit dem Vanillin-Zucker und dem Zucker schaumig. Danach die Eier einzeln unterrühren. Das Mehl mit dem Backpulver vermischen und mit 4 EL Milch verrühren. Eine Springform mit 26 cm ø einfetten und mit Paniermehl ausstreuen.

Danach die Hälfte des Teiges in die Springform füllen. Den restlichen Teig mit dem Kakao und 2 EL Milch verrühren. Den dunklen
Teig auf den hellen Teig streichen und mit einer Gabel spiralförmig durchziehen. Anschließend die Birnen schälen, waschen und
halbieren. Dabei das Kerngehäuse entfernen.
Die Oberseite längs ca. 1 cm tief einschneiden. Die Birnen mit der Rundung nach oben
auf den Teig legen und leicht andrücken.
Zum Schluss die Birnen mit 2 EL Hagelzucker
bestreuen. Im vorgeheizten Backofen wird
der Kuchen ca. 35 bis 40 Minuten bei 175 °C
gebacken. Danach den noch warmen Kuchen
mit der Aprikosen-Konfitüre bestreichen und
2 EL Hagelzucker darüberstreuen. Auf einem
Küchengitter den Kuchen auskühlen lassen.

33. Glutenfreier Tassen-Kuchen

Zutaten:

3 EL Zucker
2 EL, gehäuft Maismehl
4 EL, gehäuft   Quark (Vanillequark)
1 Ei(er)
5 EL Öl

Zubereitung:

Vermischen Sie, Ei, Quark und Öl gut in einer mikrowellenfesten Tasse. Mehl und Zucker hinzufügen und rühren, bis alles eine homogene Masse ergibt. Stellen Sie die Tasse nun in die Mikrowelle und bei ca. 600 Watt 5 - 6 Minuten backen.

34. Glutenfreier Gugelhupf

Zutaten:

50 g Lievito Madre
50 g Rosinen
50 g gehackte Mandeln
250 g lauwarme Milch
Schale einer Biozitrone
200 ml lauwarmes Wasser
1 TL gemahlene Flohsamenschalen
20 g Frischhefe
1 TL Xanthan
1 TL Zucker
2 Eier
450 g Schär Mix B
80 g Butter
50 g Tapiokastärke
60 g Zucker

Zubereitung:

Weichen Sie die Rosinen in 3 EL Rum ein. Die
Hefe mit Zucker und Milch in einer Schüssel

vermischen und ca. 20 Minuten stehen lassen. Das Mehl mit Tapiokastärke, Xanthan und den Flohsamenschalen vermengen. Dann Zitronenschale, Hefeflüssigkeit und Lievito Madre hinzugeben. Alles ca. 5 Minuten mit dem Knethaken verkneten. Danach die gehackten Mandeln und Rosinen hinzugeben und alles nochmals kurz durchkneten. Den Teig mit einem Tuch bedeckt 20 Minuten quellen lassen. Eine Gugelhupfform einfetten und ausbröseln. Danach den Teig hineingeben und mit einem nassen Teigschaber glattstreichen. Alles mit einer Folie abdecken und nochmals 30 Minuten ziehen lassen. Den Backofen auf 230 °C Ober- / Unterhitze vorheizen. Die Gugelhupfform auf die mittlere Schiene stellen und die Temperatur auf 200°C zurückstellen. Danach ca. 30 bis 40 Minuten backen. Den fertigen Kuchen auf einem Kuchengitter abkühlen lassen und vor dem Servieren mit Puderzucker bestreuen.

35. Glutenfreie Käsetorte mit Pfirsich

Zutaten:

1 Dose Pfirsiche
Biskuitteig mit 5 Eiern nach Grundrezept
250 ml Sahne
250 g Mascarpone
1 Pack. Fix Gelatine
500 g Magerquark
120 g Zucker
Saft und Schale einer Biozitrone

Zum Verzieren:

16 Pfirsichspalten
gehackte Pistazien
Zucker
roter und grüner Marzipan
1 Pack. Sahnesteif
2 Becher Sahne

Zubereitung:

Backen Sie am Tag zuvor den Biskuit nach
Rezept und schneiden den fertigen Biskuit in
zwei Hälften.

Rühren Sie die Eier mit dem Zucker und dem Vanillezucker schaumig. Die Mandeln mit Mehl und Backpulver vermischen und locker unter die Eier heben. Den Teig in eine mit Backpapier ausgelegte Springform (28 cm ø) streichen. Den Biskuit ca. 25 bis 30 Minuten bei 175 °C backen lassen. Danach muss der Biskuit auf einem Küchenrost auskühlen

Beide Hälften auf eine Tortenplatte legen und einen Tortenring darum befestigen. Die Mascarpone mit dem Quark, der Zitronenschale, dem Zucker und der Gelatine verrühren. Die Pfirsiche in Würfel schneiden und unter die Mascarpone-Quarkmischung mischen. Die Sahne steif schlagen und damit die Torte außen bestreichen. Die gehackten Pistazien draufstreuen und alles mit den Pfirsichspalten sowie den Sahnetupfen verzieren. Bei Bedarf die Torte mit Marzipankugeln und Schokoladendekor verzieren.

36. Glutenfreie Beeren-Torte

Zutaten:

Für den Biskuit

1 TL Weinsteinbackpulver
3 Eier
50 g glutenfreies Kuchenmehl
125 g Zucker
100 g gemahlene Mandeln
1 Pack. Vanillezucker

Für den Belag:

1 roter Tortenguss
600 g gemischte Beeren
1 Pack. Vanillepuddingpulver
500 ml Milch

Zubereitung:

Rühren Sie die Eier mit dem Zucker und dem Vanillezucker schaumig. Die Mandeln mit Mehl und Backpulver vermischen und locker unter die Eier heben. Den Teig in eine mit Backpapier ausgelegte Springform (28 cm ø) streichen. Den Biskuit ca. 25 bis 30 Minuten bei 175 °C backen lassen. Danach muss der Biskuit auf einem Küchenrost auskühlen. Den ausgekühlten Biskuitboden auf eine Tortenplatte legen und darum einen Tortenring befestigen. Mit 500 ml Milch den Pudding nach Packungsanweisung kochen. Die Hälfte des Puddings auf den Kuchen streichen und abkühlen lassen. Die Beeren wachen und zu große Beeren vierteln. Alle Beeren miteinander vermischen und auf dem Pudding verteilen. Den Tortenguss nach Packungsanweisung kochen und auf den Beeren verteilen. Am Schluss muss der Kuchen mindestens 1 Stunde im Kühlschrank ruhen.

37. Glutenfreier Eierlikör-Kuchen

Zutaten:

Puderzucker oder dunkle Schokoladenglasur
250 g Butter
1 Tasse Raspelschokolade
130 g Zucker
250 ml glutenfreier Eierlikör
1 Pack. Vanillezucker
1 Pack. Weinsteinbackpulver
4 Eier
50 g Tapiokastärke
250 g helles glutenfreies Mehl

Zubereitung:

Rühren Sie die Butter mit dem Zucker schaumig und geben Sie nach und nach die Eier hinzu. Das Mehl mit der Stärke und dem Backpulver mischen. Die Mehlmischung mit dem Eierlikör abwechselnd unter die Eiermasse rühren. Zum Schluss die Schokoladenraspel unterheben. Den Teig in eine gefettete Kastenform geben und den Kuchen ca.

55 bis 60 Minuten bei 170 °C Ober- / Unterhitze backen. Nach Ablauf der Backzeit den
Kuchen auf einem Gitterrost abkühlen lassen. Vor dem Servieren mit dem Puderzucker
bestreuen und alles mit der Schokoglasur
verzieren.

38. Glutenfreie Biskuitrolle mit Erdbeeren

Zutaten:

125 g helles glutenfreies Mehl

5 Eier

1 Pack. Vanillezucker

5 EL heißes Wasser

1 Pack. Vanillezucker

150 g Zucker

Erdbeersahne-Füllung:

150 g Erdbeerstücke

200 g Sahne

1 EL Zucker

evtl. Sahnesteif

Schokoladensahne-Füllung

100 g Bitterschokolade

300 g Sahne

Zubereitung:

Eigelb mit Zucker, Vanillezucker und Wasser schaumig schlagen. Die Eiweiße steif schlagen und auf die Eigelbmasse geben. Darüber das Mehl sieben und alles locker unterheben. Die Masse auf ein mit Backpapier ausgelegtes Backblech streichen und ca. 20 Minuten bei 160 bis 170°C backen, bis der Teig goldgelb ist. Ein Küchentuch mit Zucker bestreuen und dort den fertig gebackenen Teig draufstürzen. Das Backpapier abziehen und den Teig zusammenrollen. Sobald die Rolle kalt geworden ist, wieder aufrollen und befüllen.

Für die Erdbeersahne-Füllung die Sahne steif schlagen. Anschließend Zucker, Erdbeeren und Sahnesteif hinzugeben. Die Füllung auf den Boden streichen und zusammenrollen. Stellen Sie die fertige Rolle kalt.

Für die Schokoladensahne-Füllung am Tag zuvor die Sahne erhitzen und darin die Schokolade schmelzen. Die Masse kaltstellen. Am nächsten Tag die Sahne steif schlagen und die Masse auf den Biskuit füllen. Den Biskuit zusammenrollen und kaltstellen.

39. Glutenfreie Karotten-Torte

Zutaten:

200 g Zartbitter-Kuvertüre
Fett und glutenfreie Semmelbrösel
150 g Butter
220 g geriebene Mandeln
150 g Zartbitter-Schokolade
150 g Karotten
150 g feinster Zucker
6 Eier

Zubereitung:

Fetten Sie eine Form ein und streuen Sie
diese mit den Semmelbröseln aus. Die Karotten
fein reiben. Die Eier trennen und das Eiweiß steif schlagen. Das Eigelb mit dem Zucker schaumig rühren. Die Zartbitter-Schokolade in Stücke brechen und bei schwacher
Hitze schmelzen lassen. Die Butter schaumig
rühren und die geschmolzene Schokolade
langsam hinzugeben. Danach die Eigelbmasse unterrühren. Nun die Mandeln hinzufügen und die Möhren sowie den Eischnee

unterheben. Den Teig in eine Form füllen und bei 150 °C ca. 60 Minuten backen. Die Kuvertüre in Stücke brechen und bei schwacher Hitze schmelzen lassen. Sobald die Torte abgekühlt ist, auf ein Kuchengitter stellen und mit der Glasur überziehen.

40. Glutenfreier Mandel-Kuchen

Zutaten:

dunkle Schokoglasur
6 Eier
Puderzucker
1 Prise Salz
250 g gemahlene Mandeln
250 g Puderzucker
½ TL Backpulver
1 Bourbon Vanillezucker
einige Tropfen Zitronensaft
1 Msp. Zimt
1 EL angeriebene Zitronenschale

Zubereitung:

Die Eigelbe mit Salz und Puderzucker schaumig rühren. Danach Zitronenschale, Vanillezucker und Zimt hinzufügen. Die Eiweiße mit einigen Tropfen Zitronensaft steif schlagen und den Eischnee auf das Eigelb heben. Die Mandeln mit dem Backpulver vermischen

und in die Eiermischung heben. Eine Springform mit 26 cm ø mit Backpapier auslegen
und den Teig hineingeben. Der Kuchen wird
ca. 50 bis 55 Minuten bei 175 °C Umluft gebacken. Sobald der Kuchen kalt ist, mit Puderzucker bestreuen oder mit der Schokoglasur verzieren.

Brote und Brötchen

41. Glutenfreies Haselnussbrot

Zutaten:

1 Handvoll ganze Haselnüsse
400 g helles glutenfreies Mehl
1 EL Rapsöl
100 g gemahlene Haselnüsse
360 ml lauwarmes Wasser
1 TL Salz
1 Würfel frische Hefe

Zubereitung:

Mischen Sie in einer Schüssel das Mehl mit
den gemahlenen Haselnüssen und dem Salz.
Die Hefe im lauwarmen Wasser auflösen und
zusammen mit dem Öl zu dem Mehl geben.
Das Ganze gut durchkneten. Zum Schluss die
ganzen Haselnüsse hineinkneten. Eine Kastenform einfetten und den Teig mit einem
nassen Löffel hineinfüllen. Pinseln Sie den

Teig und etwas Frischhaltefolie mit etwas Öl ein und decken Sie die Kastenform mit der eingefetteten Folie ab. Der Teig muss in der Form so lange gehen, bis er den Rand der Form erreicht hat. Den Backofen auf 230 °C Umluft vorheizen und das Brot 10 Minuten backen. Danach die Temperatur auf 200 °C reduzieren und das Brot weitere 20 Minuten backen. Nach Ablauf der Zeit das Brot nochmals mit Öl einpinseln und weitere 10 Minuten backen.

42. Einfaches glutenfreies Brot

Zutaten:

1 Glas lauwarmes Wasser
300 g Reismehl
grobes Meersalz
300 g Maismehl
500 ml kochendes Wasser
200 g Buchweizenmehl
4 TL Guarkernmehl
30 g Hefe
3 TL Salz

Zubereitung:

Übergießen Sie das Maismehl mit ca. 500 ml kochendem Wasser und verrühren Sie alles gut. Es dürfen keine Klümpchen mehr vorhanden sein. Die Hefe in handwarmem Wasser auflösen und ca. 5 Minuten stehen lassen. Reismehl und Buchweizenmehl zu der Maismasse hinzugeben. Jetzt das Guarkernmehl und 3 bis 4 TL Salz hinzufügen. Die auf-

gelöste Hefe hinzugeben und alles gut verkneten. Den Teig an einem warmen Platz für
ca. 1 bis 2 Stunden gehen lassen. Aus dem
Teig 3 längliche Brote oder 2 runde Laibe formen. Ein Backblech mit Backpapier auslegen
und mit dem groben Meersalz bestreuen. Im
vorgeheizten Backofen muss das Brot bei
180 °C ca. 60 Minuten backen.

43. Glutenfreie Ciabatta

Zutaten:

30 ml Olivenöl
450 g helles glutenfreies Mehl
½ TL Salz
50 g Tapiokastärke
1 Prise Zucker
1 TL Weinsteinbackpulver
1 Pack. Trockenhefe
1 TL gemahlene Flohsamenschalen
420 ml Milch

Zubereitung:

Mischen Sie das Mehl mit dem Backpulver
und den Flohsamenschalen. Dann die Mischung in eine Schüssel und geben in die
Mitte eine Vertiefung drücken. Dort die Hefe
mit dem Zucker und der lauwarmen Milch
hineingeben. Mit etwas Mehl alles unterrühren. Danach ca. 10 Minuten warten, bis die
Hefe Blasen wirft. Nun Öl und Salz hinzugeben und alles ca. 15 Minuten zu einem Teig

kneten. Danach den Teig 15 Minuten abgedeckt ruhen lassen. Jetzt eine Frischhaltefolie bemehlen und den Teig draufgeben. Den
Teig mit der Folie nochmals durchkneten und
daraus drei Laibe formen. Diese mit der Folie
abdecken und an einem warmen Ort für 40
Minuten gehen lassen. Danach die Ciabattas
mit Mehl bestäuben. Den Backofen auf 240
°C Ober- / Unterhitze vorheizen. Die Ciabattas 25 bis 30 Minuten auf der mittleren
Schiene backen und mit einer Sprühflasche
Wasser in den Backofen sprühen. Nach 10
Minuten die Temperatur auf 200 °C reduzieren. Auf einem Gitter die Ciabattas auskühlen lassen.

44. Glutenfreies Walnussbrot

Zutaten:

20 g gehackte Wallnüsse
500 g dunkler Mehlmix
350 g lauwarmes Wasser
1 TL gemahlene Flohsamenschalen
200 ml Naturjoghurt
1 Pack. Trockenhefe
1½ TL Salz
1 EL Obstessig
2 EL Rapsöl

Zubereitung:

Mischen Sie das Mehl mit den Flohsamenschalen, der Hefe und dem Salz. Essig, Joghurt, Öl und das lauwarme Wasser hinzugeben. Das Ganze ca. 5 Minuten lang zu einem
geschmeidigen Teig kneten. Eine Brotform
einfetten, den Teig hineinstreichen und die
Form mit einem feuchten Tuch bedecken.
Danach das Brot für ca. 45 Minuten bei 40 °C
im Backofen gehen lassen. Im Anschluss die

Form wieder aus dem Backofen nehmen und die Temperatur auf 230 °C Ober- / Unterhitze erhöhen. Das Brot ca. 60 Minuten auf der mittleren Schiene backen. Nach 30 Minuten Backzeit das Brot aus der Form auf ein vorbereitetes Blech kippen und das Brot ohne Form bei 200 °C fertigbacken. Zum Schluss das Brot auf einem Gitter auskühlen lassen.

45. Pikantes glutenfreies Brot

Zutaten:

1½ TL Salz
500 g glutenfreie dunkle Mehlmischung
1 TL Xanthan
1 Würfel Hefe
1 TL gemahlene Flohsamenschalen
1 TL Zucker
50 g Sonnenblumenkerne
600 ml lauwarmes Wasser
40 g ganze oder geschrotete Leinsamen
60 g Reiskleie

Zubereitung:

Mischen Sie die Hefe mit dem Zucker und 2 EL lauwarmem Wasser und lassen die Hefe 15 Minuten stehen, bis sich Blasen bilden. In der Zeit das Mehl mit den Reiskleien, Sonnenblumenkernen, Flohsamenschalen, dem Xanthan und dem Salz mischen. Anschließend alles mit der Hefe und dem restlichen

Wasser zu einem geschmeidigen Teig kneten. Da die Reiskleie nachquellen, sollte der Teig nicht zu fest werden. Den Teig in eine gefettete Kastenform geben, mit den Sonnenblumenkernen bestreuen und diese leicht andrücken. Die Kastenform an einen warmen Platz stellen und den Teig 30 bis 40 Minuten gehen lassen. Den Backofen auf 230 °C Ober- / Unterhitze vorheizen und den Teig hineingeben. Nach 15 Minuten Backzeit die Temperatur auf 200 °C reduzieren und das Brot 45 Minuten fertigbacken. Nach Ablauf der Backzeit das Brot auf einem Gitter auskühlen lassen.

46. Glutenfreier Kartoffelbrei

Zutaten:

2 EL Olivenöl
500 g dunkles glutenfreies Brotmehl
150 g Joghurt
1 TL Flohsamenschalen
400 - 500 ml lauwarmes Wasser
1 TL Xanthan
1 TL Zucker
2 TL Salz
1 Würfel Hefe
200 g mehlig kochende Kartoffeln

Zubereitung:

Kochen Sie die Kartoffeln und drücken Sie
diese noch heiß durch eine Kartoffelpresse.
Mehl, Flohsamenschalen, Xanthan und Salz
in eine Schüssel geben und alles vermischen.
In der Mitte eine Vertiefung bilden und die
Hefe hineingeben. Die Hefe mit Zucker bestreuen und 50 ml Wasser hinzugeben. Das

Ganze 15 Minuten stehen lassen. Den Joghurt mit dem restlichen Wasser vermischen. Olivenöl und Kartoffeln hinzugeben und alles 5 Minuten durchkneten. Den Teig in eine Brotform geben und mit einem nassen Teigschaber glattstreichen. Die Brotform mit Folie bedecken und den Teig 30 bis 40 Minuten gehen lassen. In der Zeit den Backofen auf 230 °C Ober- / Unterhitze vorheizen. Das Brot auf der mittleren Schiene 10 Minuten backen. Danach die Temperatur auf 200 °C reduzieren und weitere 50 Minuten fertigbacken. Zum Auskühlen das fertige Brot auf ein Kuchengitter geben.

47. Glutenfreies Knäckebrot

Zutaten für 1 Blech:

100 g Sonnenblumenkerne

1 EL Sauerteigansatz

100 g ungeschälter Sesam

60 g Teffmehl

400 ml kaltes Wasser

60 g Quinoamehl

4 EL Olivenöl

60 g Buchweizenflocken

1 TL Salz

60 g Haferflocken

30 g getrocknete und kleingeschnittene Tomaten

2 EL Chiasamen

½ TL Xanthan

Zubereitung:

Verrühren Sie alle Zutaten bis auf den Sesam
zu einem dicken Brei und stellen Sie ihn für
ca. 1 Stunde kühl. Danach 80g Sesam unter-

rühren. Ein Backblech mit Backpapier auslegen und die Masse draufstreichen. Darüber
den restlichen Sesam streuen. Den Backofen
auf 200 °C Ober- / Unterhitze vorheizen und
alles auf der mittleren Schiene 15 Minuten
backen. Dann mit einem Messer Kerben in
die Masse schneiden und die Temperatur auf
170°C reduzieren. Danach weitere 30 bis 35
Minuten backen. Zum Schluss das Knäcke-
brot auskühlen lassen und in Stücke brechen.

48. Glutenfreies Mandel-Reis-Brot

Zutaten:

500 ml lauwarmes Wasser

200 g feines Vollkorn-Reismehl

1 TL Weinsteinbackpulver

100 g Maismehl

1 Pack. Trockenhefe

150 g Maisstärke

1 TL Zucker

100 g fein gemahlene Mandeln

1 TL Salz

2 TL Johannisbrotkernmehl

1 TL Xanthan

1 TL gemahlene Flohsamenschalen

Zubereitung:

Verrühren Sie die Hefe mit dem lauwarmen Wasser und dem Zucker. Dann das Ganze für 10 Minuten stehen lassen, bis sich Blasen bilden. In der Zeit das Mehl mit dem Johannisbrotkernmehl, der Maisstärke, den gemahlenen Flohsamenschalen, dem Xanthan, Salz und Weinsteinbackpulver mischen. Das Hefewasser hinzugeben und alles zu einem weichen Teig kneten. Den Teig mit einem feuchten Tuch bedecken und Sie 15 Minuten stehen lassen. Anschließend den Teig in eine gefettete Kastenform geben und mit einem nassen Teigschaber glattstreichen. Das Ganze mit einer Folie bedecken und den Teig nochmals 40 bis 45 Minuten an einem warmen Ort gehen lassen. Das Brot ca. 60 Minuten bei 230 °C backen und mit einer Sprühflasche Wasser in den Ofen sprühen. Die Temperatur nach 10 Minuten auf 200 °C zurückstellen.

49. Glutenfreies Sauerteigbrot

Zutaten:

400 ml lauwarmes Wasser
Sauerteigansatz
Kastanienmehl
400 g Mehl

Für das Brot:

350 ml lauwarmes Wasser
400 g glutenfreie dunkle Mehlmischung
50 g Sinnenblumenkerne
½ Pack. Trockenhefe
2 TL gemahlene Flohsamenschalen
1 EL Vollrohrzucker
3 TL Meersalz

Zubereitung:

Mischen Sie den Sauerteigansatz am Tag zuvor mit 400 g Mehl und 400 ml Wasser und
lassen Sie das Ganze über Nacht stehen. Am
nächsten Tag den Sauerteigansatz mit Hefe,
Mehl, Zucker, gemahlenen Flohsamenscha-

len, Sonnenblumenkernen und Wasser zu einem weichen Teig verrühren. Den fertigen Teig in eine große Brotform streichen und mit einer Folie bedecken. Das Ganze muss für 3 Stunden an einem warmen Ort stehen. Den Backofen auf 250 °C vorheizen und die Fettpfanne unten in den Ofen schieben. Den Teig in den Ofen stellen und eine Tasse Wasser in die heiße Fettpfanne kippen. Die Temperatur auf 200 °C reduzieren und das Brot 60 Minuten backen. Sobald das Brot fertig ist, muss es auf einem Kuchengitter auskühlen.

50. Glutenfreies Weißbrot

Zutaten:

1 TL Salz
500 g helles Brotmehl
450 ml lauwarmes Wasser
10 g Trockenhefe
30 g weiche Butter
½ TL Zucker

Zubereitung:

Geben Sie das Mehl in eine Rührschüssel und bilden Sie in der Mitte eine Vertiefung. Dort die Hefe und den Zucker hineingeben. Anschließend 50 ml lauwarmes Wasser drüber gießen und das Ganze 15 Minuten ruhen lassen. Danach Butter, Salz und das restliche Wasser hinzugeben und alles zu einem geschmeidigen Teig verkneten. Den Teig in eine eingefettete und bemehlte Kastenform geben und mit einer Folie bedecken. Den Teig an einem warmen Ort gehen lassen. Im vorgeheizten Backofen wird das Brot bei 230 °C Ober- / Unterhitze ca. 50 Minuten gebacken, während mit einer Sprühflasche Wasser in den Ofen gesprüht wird. Nach 10 Minuten die Hitze auf 200 °C reduzieren.

51. Glutenfreies Hirse-Brot

Zutaten:

1 kl. TL Koriander
200 g Reismehl
1 kl. TL Fenchel
150 g Hirse
1 kl. TL Anis
150 g Sojamehl
1 kl. TL Kümmel
100 g Amarant
Brotgewürz
25 g Weinsteinbackpulver
700 ml lauwarmes Mineralwasser
100 g Walnüsse
1 TL Zucker
1 EL Salz

Zubereitung:

Mahlen Sie die Walnüsse fein. Danach den
Amarant sowie die Hirse zu einem feinen
Mehl vermahlen. Die Gewürze fein mörsern.
In einer Schüssel alle Mehlsorten mit dem

Backpulver vermischen. Danach Gewürze, die gemahlenen Nüsse sowie Salz und Zucker hinzufügen. Jetzt das lauwarme Wasser hinzugeben und alles gut verrühren. Nun in zwei Kastenformen Backpapier legen und mit dem Teig füllen. Das Brot bei 200 °C ca. 50 Minuten im Backofen backen und etwas heißes Wasser mit in den Backofen geben. Nach der Backzeit muss das Brot auf einem Gitter auskühlen.

52. Glutenfreies Bananen-Mandel-Brot

Zutaten:

1 Prise Meersalz

30 g gemahlene Leinsamen

1 EL Zitronensaft

200 g gemahlene Mandeln

½ TL Natron

3 Bananen

3 Eier

30 g zerlassenes Kokosöl

½ TL gemahlene Bourbon-Vanille

3 EL Ahornsirup

1 gestrichener EL Zimt

Optional:

Leinsamen zum Bestreuen

2 EL Kakaonibs

2 Kapseln Kardamom

3 EL Rosinen

Zubereitung:

Zerdrücken Sie die Bananen mit dem Zitronensaft und dem Kokosöl. Danach alle anderen Zutaten hinzugeben und alles gut verrühren. Zum Schluss können die optionalen Zutaten untergehoben werden. Eine Kastenform mit Backpapier auslegen und den Teig hineingeben. Den Backofen auf 170 °C Umluft vorheizen und das Brot ca. 75 Minuten backen.

53. *Glutenfreies Käse-Brot mit Speck*

Zutaten:

150 g geriebener Käse
800 g glutenfreies Mehl
150 g gewürfelter und durchwachsener
Speck
1 Würfel frische Hefe
150 g Röstzwiebeln
2 TL Salz
480 g Buttermilch

Zubereitung:

Geben Sie das Mehl in eine Schüssel, drücken in die Mitte eine Mulde und geben dort die Hefe hinein. Salz, Röstzwiebeln, Speck und Käse am Rand der Schüssel verteilen. Die lauwarme Buttermilch hinzugießen und alles quellen lassen. Dann zu einem Teig kneten und diesen nochmals ca. 15 Minuten gehen lassen. Danach noch einmal durchkneten. Den Teig in eine Kastenform geben und 15 Minuten im Backofen gehen lassen. Danach

das Brot bei 175 °C ca. 60 bis 90 Minuten backen.

54. Glutenfreies Quinoa-Brot

Zutaten:

1 TL Salz
250 g Quinoamehl
Mineralwasser nach Bedarf
250 g Reismehl
2 EL Öl
1 Prise Natron

Zubereitung:

Vermischen Sie die ganzen Zutaten und kneten Sie alles 10 Minuten lang durch. Den fertigen Teig 15 Minuten ruhen lassen und anschließend noch einmal durchkneten. Dann in eine eingefettete Kastenform geben und das Brot bei 170 °C ca. 30 Minuten backen.

55. Glutenfreies Körner-Brot

Zutaten:

200 g Sojamehl

1 Pack. Hefe

200 g Buchweizenmehl

2 gestrichene TL Salz

400 g Damin-Mehl

800 ml lauwarme Milch

100 g Sonnenblumenkerne

100 g Leinsamen

100 g Sesam

Zubereitung:

Lösen Sie die Hefe in Wasser auf und geben Sie anschließend Salz, die Mehlsorten und die Körner hinzu. Alles gut verrühren und den Teig sofort in eine eingefettete Kastenform geben. Im vorgeheizten Backofen wird das Brot auf der untersten Schiene bei 180 °C ca. 75 Minuten gebacken.

56. Glutenfreies Mais-Paprika-Brot

Zutaten:

3 EL Olivenöl

1 große rote Paprikaschote

2 Eier

175 g feiner Maisschrot

250 ml Sojamilch

175 g glutenfreies Mehl (Typ 1050)

2 TL Zucker

1 EL glutenfreies Backpulver

1 TL Salz

Zubereitung:

Heizen Sie den Backofen auf 200 °C vor und fetten Sie eine Brotbackform mit etwas Olivenöl ein. Die Paprika entkernen, schälen und anschließend fein hacken. Das Maisschrot mit Mehl, Backpulver, Salz und Zucker vermischen. Danach die Milch und die Eier in eine separate Schüssel geben und alles verquirlen. Anschließend das Öl unterrühren. Dann die Eiermischung zu der Mehlmischung geben und verrühren . Danach die Paprika unter den Teig heben und in eine eingefettete Brotbackform füllen. Die Backform auf einem Rost in den heißen Backofen schieben und das Brot ca. 30 Minuten backen. Danach muss das Brot für 10 Minuten in der Form abkühlen, bevor es zum völligen Auskühlen auf ein Kuchengitter gestürzt werden kann.

57. Glutenfreies Krustenbrot

Zutaten:

1 EL Apfelessig
21 g Hefe
300 ml Wasser
10 g Zucker
3 g Xanthan
40 ml Wasser
10 g Salz
120 g Kartoffelstärke
25 g Kürbiskerne
100 g Reismehl
15 g gemahlener Hanfsamen
80 g Teffmehl

Zubereitung:

Geben Sie die Hefe mit dem Wasser und dem Zucker in ein Gefäß und verrühren Sie alles. Danach den Ansatz gehen lassen. Bemehlen Sie ein Gärkörbchen. Alle Zutaten zu einem Teig verrühren und ca. 15 Minuten kneten. Den Teig in das Gärkörbchen legen

und ca. 30 Minuten gehen lassen. Den Back-
ofen auf 230 °C vorheizen. Auf ein Backblech
Wasser gießen und den Teig auf ein anderes
Blech stürzen. Das Brot 15 Minuten backen.
Danach die Hitze auf 180 °C reduzieren und
das Brot weitere 35 Minuten backen. Zum
Schluss muss das Krustenbrot komplett ab-
kühlen.

58. Glutenfreies Low-Carb-Brot

Zutaten:

10 g Kürbiskerne
80 g gemahlene Mandeln
180 ml Wasser
25 g gemahlene Hanfsamen
15 ml Apfelessig
45 g Leinsamenmehl
6 EL Wasser
40 g gemahlene Flohsamenschalen
2 EL Leinsamenmehl
30 g Sonnenblumenkerne
15 g Backpulver
4 g Meersalz

Zubereitung:

Heizen Sie den Backofen auf 180 °C Ober- / Unterhitze vor. Die Hanfsamen mahlen und mit gemahlenen Mandeln, Leinsamenmehl, gemahlenen Flohsamenschalen, Sonnenblumenkernen, Meersalz und Backpulver mischen. Danach 2 EL Leinsamenmehl mit 6 EL

Wasser verrühren und zu der Mischung geben. Diese mit Wasser und Apfelessig zu einem Teig verkneten. Einen länglichen Brotlaib formen und mit den Kürbiskernen bestreuen. Das Brot wird ca. 70 Minuten auf der mittleren Schiene gebacken und dann im ausgeschalteten Backofen 10 Minuten stehen gelassen, bevor es zum Abkühlen auf ein Gitter gestellt wird.

59. Glutenfreies Mischbrot

Zutaten:

10 ml Milch
150 g Maisstärke
1 TL Apfelessig
100 g Reismehl
220 ml Wasser
25 g Teffmehl
100 g Quark
25 g Kastanienmehl
10 g Backpulver
8 g gemahlene Flohsamenschalen
10 g Zucker
12 g Salz

Zubereitung:

Heizen Sie den Backofen auf 230 °C vor. Ein
Blech mit Wasser füllen und in die unterste
Schiene schieben. Alle trockenen Zutaten
miteinander vermischen. Danach Quark,
Wasser und den Apfelessig hinzugeben und
alles zu einem Teig verrühren. Eine glatte

Oberfläche mit Reismehl bestreuen und den Teig darauf ausrollen. Aus dem Teig einen Brotlaib formen und mit etwas Milch bestreichen. Ein Backblech mit Backpapier auslegen und Sie den Teig draufgeben. Auf mittlerer Schiene muss er ca. 20 Minuten backen. Danach die Temperatur auf 190 °C stellen und das Blech mit dem Wasser aus dem Ofen nehmen. Das Brot weitere 35 Minuten backen. Danach muss es komplett abkühlen.

60. Glutenfreies Tomatenbrot

Zutaten:

1 EL Olivenöl

200 ml lauwarmes Wasser

800 g geschälte Tomaten

1 TL Zucker

1 Zweig frischer Rosmarin

1 Pack. Trockenhefe

2 TL Salz

180 g Reismehl

2 TL gemahlene Flohsamenschalen

160 g Kartoffelmehl

2 TL Johannisbrotkernmehl

160 g Maismehl

160 g Maisstärke

Zubereitung:

Verrühren Sie in einer Tasse den Zucker mit dem lauwarmen Wasser. Danach die Hefe hinzugeben und ca. 10 Minuten stehen lassen. In der Zeit alle trockenen Zutaten miteinander vermischen. Die Rosmarinnadeln vom Zweig abstreifen, klein hacken und zu der Mehlmischung geben. Die Tomaten mit dem Saft in einem Mixer pürieren und das Olivenöl hinzugeben. Dann die Hefe zu den trockenen Zutaten geben und alles vermischen. Danach die flüssigen Zutaten unterrühren. Den Teig in eine eingefettete Kastenform geben und 30 bis 45 Minuten gehen lassen. Den Backofen auf 250 °C Ober- / Unterhitze vorheizen und den Teig 10 Minuten backen. Danach die Temperatur auf 180 °C reduzieren und das Brot für weitere 50 Minuten backen. Sobald die Zeit abgelaufen ist, muss das Brot erst abkühlen, bevor es aus der Form genommen werden kann.

61. Schnelles glutenfreies Joghurtbrot

Zutaten:

2 EL Öl
2 Eier
2 EL Sesam
650 g Joghurt
1 gestrichener TL Zucker
560 g glutenfreies Mehl
2 gestrichene TL Salz
1 Pack. Backpulver

Zubereitung:

Heizen Sie den Backofen auf 190 °C vor.
Mehl, Salz, Sesam und Zucker in eine Schüssel geben. Danach Backpulver und zum
Schluss den Joghurt darauf geben. Das Ganze
ca. 5 Minuten blubbern lassen. Die Eier am
Rand hineingeben. Danach alles ca. 5 Minuten auf der höchsten Stufe verrühren. Den
fertigen Teig in eine Kastenform geben und
ca. 45 bis 50 Minuten backen.

62. *Glutenfreies Linsen-Brot*

Zutaten:

Öl
500 g kohlensäurehaltiges Mineralwasser
evtl. Sesam
300 g fein gemahlener Amarant
100 g kohlensäurehaltiges Mineralwasser
1 TL Salz
½ TL gemörserter Koriander
1 TL Zucker
1 Pack. Trockenhefe
2 EL Öl
1 TL Salz
300 g rote fein gemahlene Linsen

Zubereitung:

Vermischen Sie den Amarant mit dem Salz und dem Zucker. Danach das Wasser hinzugeben und alles verrühren. Die Masse 30 Minuten ruhen lassen. Danach das Öl hinzugeben und verrühren. Die gemahlenen Linsen mit Salz, Trockenhefe und Koriander vermischen. Das Ganze unter Rühren zum Amarant geben. Nach Bedarf Sesam hinzufügen. Zum Schluss das restliche Wasser hinzugeben und alles 2 bis 3 Minuten auf mittlerer Stufe verrühren. In eine 24 cm lange Kastenform Backpapier legen, den Teig hineingießen, glattstreichen und lassen an einem warmen Platz stehen lassen. Das Brot muss bei 150 °C Umluft ca. 90 Minuten backen. Danach das Backpapier entfernen und das Brot mit Öl einstreichen. Bei gleicher Hitze muss das Brot weitere 30 Minuten fertigbacken. Danach muss es komplett abkühlen.

63. Pikante glutenfreie Brötchen

Zutaten:

300 g Kräuterfrischkäse
350 g glutenfreie Mehlmischung
4 EL Rapsöl
350 g glutenfreie dunkle Mehlmischung
400 ml lauwarmes Wasser
1 TL Backpulver
1 Würfel frische Hefe
2 TL Zucker
2 TL Salz

Zubereitung:

Vermischen Sie die beiden Mehlsorten mit
Backpulver, Zucker und Salz, drücken in die
Mitte eine Mulde, geben die Hefe hinein und
begießen es mit lauwarmem Wasser. Danach
Frischkäse sowie Öl hinzufügen und alles gut
miteinander verkneten. Die Schüssel abde-
cken und den Teig 30 Minuten ruhen lassen.
Auf eine Unterlage Mehl streuen und den
Teig draufgeben. Den Teig mit der Hand

nochmals durchkneten. Danach schneiden
15 gleichgroße Stücke vom Teig abschneiden
und daraus Kugeln formen. Diese auf ein mit
Backpapier ausgelegtes Backblech legen und
weitere 20 Minuten abgedeckt ruhen lassen.
Heizen Sie den Backofen auf 180 °C vor. Die
Brötchen mit Milch einpinseln und einmal
gut einschneiden. Danach die Brötchen ca.
20 Minuten im Backofen backen. Danach auf
einem Gitter auskühlen lassen.

64. Glutenfreie Hefe-Brötchen

Zutaten für 8 Brötchen:

etwas Wasser zum Bepinseln
220 g glutenfreie Mehlmischung
Kerne nach Bedarf
200 ml Milch
½ TL Salz
50 g Butter
2 TL Backpulver

Zubereitung:

Heizen Sie den Backofen auf 180°C vor. Alle
Zutaten in eine Schüssel geben und verkneten. Aus dem fertigen Teig kleine Brötchen
formen und auf ein mit Backpapier ausgelegtes Backblech legen. Vor dem Backen die
Brötchen mit etwas Wasser einpinseln und
dann ca. 25 Minuten backen und danach
kurz abkühlen lassen.

65. Glutenfreie Teffmehl-Brötchen

Zutaten für 6-7 Brtötchen:

1 EL Apfelessig
110 g glutenfreies Mehl
230 g Kokosdrink
100 g Teffmehl
2 Prisen Salz
10 g Leinmehl
2 TL Weinsteinbackpulver
1 gehäufter TL Flohsamenschalen

Zubereitung:

Vermischen Sie die Mehlsorten mit den Flohsamenschalen, dem Weinsteinbackpulver und dem Salz. Den Apfelessig sowie den Kokosdrink hinzugeben und alles zu einem Teig verkneten. Aus dem Teig mit angefeuchteten Händen 6 bis 7 kleine Brötchen formen und auf ein mit Backpapier ausgelegtes Backblech legen.

Die Brötchen ca. 1,5 cm tief einschneiden.
Den Backofen auf 180 °C stellen und die
Brötchen ca. 20 bis 25 Minuten backen

66. Glutenfreie Käse-Brötchen

Zutaten für 12 Brötchen:

200 g geriebener Käse
500 g Mehlmix
1 TL Salz
1 Würfel frische Hefe
1 TL Zucker
300 ml Milch
1 Ei
50 g Butter

Zubereitung:

Geben Sie das Mehl in eine Schüssel. Die
Hefe mit dem Zucker in lauwarmer Milch
auflösen und anschließend mit Butter, Ei und
Salz zu dem Mehl und geben und die Masse
zu einem Teig kneten. Die Arbeitsfläche mit
Mehl bestreuen und darauf den Teig mit den
Händen nochmals durchkneten. Den Teig zu
einem Kreis ausrollen, einen Teil des Käses
drüberstreuen und die Teigplatte zusammenklappen. Den Teig nun wieder etwas

breiter drücken und Sie wieder einen Teil des Käses draufstreuen. Den Teig noch einmal zusammenklappen und Sie den Vorgang ein weiteres Mal wiederholen. Formen Sie den Teig zu einer Rolle und schneiden Sie 12 Stücke ab. Aus den Stücken Kugeln formen und auf ein mit Backpapier ausgelegtes Backblech legen. Die Brötchen abgedeckt stehen lassen, bis sie etwas aufgegangen sind. Vor dem Backen mit dem verquirlten Ei bestreichen und Sie den restlichen Käse darüber verteilen. Den Backofen auf 210 °C vorheizen und die Brötchen ca. 15 Minuten backen.

67. Glutenfreie Hirse-Brötchen

Zutaten für 4 Brötchen:

1 Pack. Weinsteinbackpulver
5 EL Hirse, ganzes Korn
1 TL Brotgewürz
3 EL Quinoa
1 TL Salz
3 EL Amarant
3 EL ganze Buchweizen
2½ Tassen Wasser

Zubereitung:

Mahlen Sie Hirse, Quinoa und Amarant mit einer Mühle. Das Wasser in einem Topf erhitzen und das gemahlene Getreide darin quellen lassen. Salz und Brotgewürz unterrühren. Danach Buchweizen und Weinsteinbackpulver untermischen. Mit einem Esslöffel Stücke von der Masse abstechen und auf ein mit Backpapier ausgelegtes Backblech legen. Die Brötchen bei 200 °C ca. 35 Minuten backen.

68. Glutenfreie Sonntags-Brötchen

Zutaten für 4 -6 Brötchen::

1 Pack. Weinsteinbackpulver
200 g Buchweizenmehl
5 g Salz
150 g Maismehl
2 Eier
150 g Reismehl
500 g Quark
etwas Wasser
ein paar Kerne

Zubereitung:

Verkneten Sie die Mehle mit dem Quark, den Eiern, dem Salz und dem Weinsteinbackpulver zu einem Teig und formen Sie daraus Brötchen. Die obere Seite der Brötchen anfeuchten und in die Kerne tauchen. Ein Backblech mit Backpapier auslegen und die Brötchen mit genügend Abstand drauflegen.

Im vorgeheizten Backofen müssen die Brötchen bei 200 °C backen.

69. Glutenfreie Karotten-Brötchen

Zutaten für 20-25 Brötchen:

3 EL Olivenöl

200 g Hirse

1 Pack. Weinsteinbackpulver

150 g Buchweizen

30 g Flohsamenschalen

200 g Karotten

25 g Sesam

125 g Haferflocken

25 g Leinsamen

550 ml Wasser

50 g Sonnenblumenkerne

2 TL Salz

Zubereitung:

Schneiden Sie die Karotten grob und zerkleinern Sie diese anschließend in einem Mixer. Ebenfalls Hirse und Buchweizenkörner in einem Mixer zu Mehl vermahlen. Dann alle trockenen Zutaten miteinander vermischen. Die Möhren mit dem Wasser zum trockenen

Mix geben und alles zu einem Teig verkneten. Legen Sie ein Backblech mit Backpapier aus. Aus dem Teig 20 bis 25 Brötchen formen und oben mit einem Messer einritzen. Den Backofen auf 200 °C vorheizen und die Brötchen ca. 25 Minuten backen. Danach die Einritzung nachziehen und die Brötchen weitere 15 Minuten bei 180 °C backen. Lassen Sie die Brötchen danach vollständig auskühlen.

70. Glutenfreie Soja-Brötchen

Zutaten für 4 Brötchen:

50 g geprüfter Amarant

50 g Sojamehl

1 Prise Salz

125 ml Wasser

Optional:

Quinoa

Zubereitung:

Das Mehl mit Salz und Wasser vermischen und anschließend dem Amarant zugeben. Aus dem Teig Brötchen formen und bei 180 °C ca. 20 Minuten backen.

71. Glutenfreie Frühstücks-Brötchen

Zutaten für 8 Brötchen:

Sesam und Mohn
350 g glutenfreies helles Mehl
2 EL Milch
½ TL Backpulver
1 Eigelb
1 TL Zucker
2 EL Rapsöl
1 TL Salz
150 g Magerquark
½ Würfel Hefe
200 ml Wasser

Zubereitung:

Vermischen Sie das Mehl mit dem Backpulver, Zucker und Salz, drücken Sie in die Mitte eine Mulde und bröseln Sie die Hefe hinein. Dann das lauwarme Wasser auf die Hefe gießen und mit etwas Mehl verrühren. Jetzt den Quark und das Öl hinzufügen und alles gut miteinander verkneten. Die Schüssel abdecken und 30 Minuten ruhen lassen. Auf eine Unterlage etwas Mehl und streuen und den fertigen Teig draufkippen. Den Teig mit der Hand nochmals durchkneten und in 8 gleichgroße Stücke schneiden. Aus diesen Stücken Kugeln rollen und auf ein mit Backpapier ausgelegtes Backblech legen. Die Kugeln abdecken und 20 Minuten ruhen lassen. Die Milch mit dem Eigelb verquirlen und die Kugeln damit einpinseln. Die Brötchen nach Bedarf mit Sesam oder Mohn bestreuen und bei 180 °C Umluft ca. 20 Minuten backen.

72. Glutenfreie Buchweizen-Brötchen

Zutaten:

etwas Wasser
175 g feines Mehl
Olivenöl zum Bestreichen nach Bedarf
100 g Kartoffelstärke
225 g lauwarmes Wasser
100 g glutenfreie Mehlmischung
1 Pack. Hefe
1½ TL Salz

Zubereitung:

Heizen Sie den Backofen auf 220 °C vor und stellen Sie zusätzlich eine Wasserschale in den Ofen. Alle Zutaten mit Ausnahme des Öls vermischen, den Teig in Muffinförmchen geben und so 30 Minuten gehen lassen. Olivenöl und Wasser zu gleichen Teilen mischen und damit den Teig bestreichen. Das Ganze ca. 25 Minuten im Ofen backen.

73. Glutenfreie Pizza-Brötchen

Zutaten 8-10 Brötchen:

etwas Käse zum Bestreuen

300 g glutenfreies Mehl

80 g magerer gewürfelter Schinken

250 g Magerquark

80 g geriebener Käse

1 EL Zucker

1 Pack. Backpulver

8 EL Milch

1 TL Salz

6 EL Öl

Zubereitung:

Vermischen Sie alle Zutaten und kneten Sie diese zu einem Teig. Daraus kleine Brötchen formen und mit etwas Abstand auf ein mit Backpapier ausgelegtes Backblech legen. Die Brötchen können je nach Geschmack mit etwas Käse belegt werden. Danach werden die Brötchen auf der mittleren Schiene bei 160 °C Umluft ca. 20 Minuten gebacken.

74. Glutenfreie Toast-Brötchen

Zutaten für 8 Stück:

1 EL Olivenöl
350 g glutenfreies Mehl
5 g frische Hefe
300 ml lauwarmes Wasser
1 TL Zucker
1 TL Salz

Zubereitung:

Geben Sie das Mehl in eine Schüssel, fügen das Salz hinzu, bilden in der Mitte eine Mulde und bröseln die Hefe hinein. Darüber den Zucker streuen und das Wasser sowie das Öl auf die Hefe geben. Alles etwa 7 Minuten durchkneten, dann den Teig mit einem Tuch abdecken und einen Teller drauflegen. Die Schüssel mit dem Teig über Nacht stehen lassen. Am nächsten Tag den Backofen auf 180 °C vorheizen. Den Teig auf eine bemehlte Fläche legen und zu einer ca. 2 cm dicken Rolle formen. Anschließend den Teig

in 8 Stücke schneiden und auf ein mit Backpapier ausgelegtes Backblech legen. Das
Ganze in den Backofen geben und die Brötchen ca. 30 Minuten backen. Danach müssen
sie auf einem Gitter auskühlen.

75. Glutenfreie Schokoladen-Brötchen

Zutaten 12-16 Brötchen:

1 Ei
500 g Magerquark
600 g glutenfreie helle Mehlmischung
200 g Zucker
2 Prisen Salz
2 Pack. Vanillezucker
50 g Schokolade in Stücken
2 Pack. Backpulver
12 EL Öl
12 EL Milch

Zubereitung:

Mischen Sie alle Zutaten außer dem Ei und
kneten Sie alles zu einem Teig. Daraus kleine
Brötchen formen und auf ein Backblech legen. Anschließend das Ei verquirlen und damit die Brötchen bestreichen. Bei 170 °C
müssen die Brötchen ca. 15 Minuten backen.
Danach die Brötchen noch einmal mit dem Ei
einpinseln.

76. Glutenfreie Vollkornbrötchen

Zutaten für 15-17 Brötchen:

Kerne n.B
1 kg glutenfreie Mehlmischung
175 ml lauwarme Milch
3 Pack. Hefe
1 Ei
20 g Salz
500 ml lauwarme Buttermilch
40 g weiche Margarine

Zubereitung:

Mischen Sie das Mehl mit der Hefe, dem Salz und dem Zucker. Dann die Margarine sowie Milch und Buttermilch hinzufügen. Den Teig etwa 15 Minuten kneten und dann 10 Minuten ruhen lassen. Aus dem Teig ca. 17 Brötchen formen und auf ein mit Backpapier ausgelegtes Backblech legen. Drücken Sie mit einem Messer in jedes Brötchen ein Kreuz. Das Eigelb mit etwas Milch verquirlen und auf die

Brötchen streichen. Jetzt die Kerne nach Bedarf darüber geben und die Brötchen nochmals ca. 20 Minuten an einem warmen Ort gehen lassen. Die Brötchen werden bei 220 °C ca. 25 Minuten gebacken.

77. Glutenfreie Mandel-Brötchen

Zutaten für 4-5 Brötchen:

175 ml kochendes Wasser

150 g gemahlene Mandeln

3 Eiweiß

2 EL entöltes Mandelmehl

2 EL Apfelessig

35 g gemahlene Flohsamenschalen

1 TL Salz

2 TL Backpulver

Zubereitung:

Vermischen Sie alle trockenen Zutaten miteinander. Danach den Essig und das Eiweiß untermischen. Jetzt das kochende Wasser unter zugießen. Aus dem Teig 4 bis 5 große Brötchen formen und auf ein mit Backpapier ausgelegtes Backblech legen. Die Brötchen werden bei 180 °C ca. 60 Minuten gebacken.

78. Glutenfreie Flohsamen-Brötchen
Zutaten für 6 Brötchen:

150 ml kochendes Wasser
80 g Mandelmehl
1 Prise Salz
40 g Flohsamenschalen
2 Eier
7 g Backpulver

Zubereitung:

Mischen Sie das Mandelmehl mit den Flohsamenschalen, dem Backpulver und dem Salz.
Die Eier in einer extra Schüssel verquirlen
und danach unter die Mehlmischung heben.
Danach das kochende Wasser hinzugeben
und alles zu einem klebrigen Teig verrühren.
Daraus 6 kleine Brötchen formen und auf ein
Backblech legen. Die Brötchen werden bei
180°C ca. 15 bis 20 Minuten gebacken.

79. Glutenfreie Ingwer-Brot

Zutaten:

kohlensäurehaltiges Mineralwasser

300 g Buchweizen

250 ml Kefir

100 g Amarant

40 g geschälter Ingwer

200 g Maiskörner

3 EL Leinsamen

100 g Naturreis

3 EL ungeschälter Sesam

2 TL Kümmel

3 EL Sonnenblumenkerne

2 TL gemahlener Koriander

2 Pack. Backpulver

1½ TL Salz

½ TL Rohrzucker

1 Tasse Wasser

Sonnenblumenkerne

Zubereitung:

Mahlen Sie Buchweizen, Amarant, Maiskörner, Naturreis, Kümmel und Koriander. Alle
trockenen Zutaten hinzugeben und vermischen. Danach Mineralwasser und Kefir hinzufügen. Eine 30 cm lange Königskuchenform mit Backpapier auslegen und den Teig
hineinheben. Darüber die Sonnenblumenkerne streuen und etwas festdrücken. In den
Backofen eine Tasse Wasser stellen und das
Brot bei 160 °C Umluft ca. 70 Minuten backen. Das fertige Brot aus dem Backofen
nehmen und sie auf einem Kuchenrost abkühlen lassen. Danach das Backpapier entfernen.

80. Glutenfreie Laugen-Brötchen

Zutaten:

Kümmel
150 g gemahlener Buchweizen
Salz
100 g gemahlener Naturreis
Fett für die Form
1 TL Salz
250 ml Wasser
1 TL Salz
20 g Natron
½ TL Rohrzucker
250 ml kohlensäurehaltiges Mineralwasser
½ Pack. Hefe
40 g ungehärtete Margarine

Zubereitung:

Verrühren Sie ca. 5 bis 7 Minuten alle Zutaten miteinander. Dann die Muffinförmchen einfetten und je mit 1 bis 1,5 EL Teig befüllen. Danach bei Zimmertemperatur ca. 1

Stunde gehen lassen. Das Backsoda mit Wasser auflösen, auf den Teig pinseln und das Ganze mit Salz und Kümmel bestreuen. Die Brötchen müssen bei 170 – 180 °C Umluft ca. 25 bis 30 Minuten backen.

81. Glutenfreie Kürbis-Brötchen

Zutaten 6-8 Brötchen:

1 Handvoll Kürbiskerne

180 g Hokkaidokürbis

50 g Sonnenblumenkerne

250 g glutenfreie dunkle Mehlmischung

200 ml kohlensäurehaltiges Mineralwasser

1 TL Salz

100 ml Wasser

1 EL Flohsamen

1 Pack. glutenfreies Backpulver

Zubereitung:

Schälen Sie den Kürbis und schneiden Sie das Fruchtfleisch in kleine Würfel. Die Kürbiswürfel ca. 10 bis 15 Minuten in Wasser weichkochen. Alles in ein Sieb gießen und zu einem Mus pürieren. Das Mehl mit den trockenen Zutaten vermischen und das Mus sowie beide Wasser hinzufügen. Mit einem Mixer alles miteinander vermischen. Auf einen Teller etwas Mehl streuen und den Teig in 6 bis

8 Portionen teilen. Jede Portion im Mehl wenden und daraus Brötchen formen. Diese auf ein mit Backpapier ausgelegtes Backblech legen. jetzt die Brötchen nach Belieben einschneiden und mit den Kürbiskernen belegen. Die Brötchen im vorgeheizten Backofen bei 180°C Umluft ca. 35 bis 40 Minuten backen.

Herzhaftes Gebäck

82. Glutenfreie Schinken-Hörnchen

Zutaten für 12 Stück:

Kondensmilch
250 g Quark
80 - 100 g Gewürzgurken
2 Eier
100 g gekochter Schinken
50 g Öl
100 g roher Schinken
6 EL Milch
1 TL glutenfreies Backpulver
½ TL Salz
500 g glutenfreie Mehlmischung

Zubereitung:

Rühren Sie den Quark mit den Eiern, dem Öl, der Milch sowie dem Salz glatt. Etwas Mehl zur Seite legen und das restliche Mehl mit dem Backpulver vermischen. Die Mehlmischung nach und nach zum Teig geben. Danach den Teig in eine Folie wickeln und für 30 Minuten in den Kühlschrank legen. Heizen Sie den Backofen auf 175 °C vor. Die Gurken und den Schinken sehr fein schneiden. Den Teig rechteckig ausrollen. Die Schinkenmasse in Häufchen auf dem Teig verteilen und den Teig in 6 Stücke schneiden. Danach den Teig umklappen und Hörnchen daraus formen. Zum Schluss die Hörnchen mit etwas Kondensmilch bestreichen und das Ganze ca. 30 Minuten backen.

83. Glutenfreier Pizzateig 1

Zutaten:

evtl. Wasser
100 g Maisstärke
1 Prise gefriergetrocknete Kräuter
100 g Kartoffelmehl
1 Prise Traubenzucker
100 g glutenfreies Mehl
1 Prise Salz
100 ml Milch
1 EL Olivenöl
1/3 Hefewürfel

Zubereitung:

Lösen Sie die Hefe in lauwarmer Milch auf und verkneten Sie alle Zutaten zu einem Teig. Den Teig auf ein mit Backpapier ausgelegtes Backblech verteilen und ca. 20 Minuten gehen lassen. Den Backofen auf 180 °C Umluft vorheizen und Sie den Teig ca. 10 Minuten vorbacken. Sollte der Teig unten noch feucht sein, diesen drehen und weitere 5 Minuten backen. Danach kann der Boden belegt werden. Die fertig belegte Pizza muss bei 180°C Umluft ca. 10 Minuten backen.

84. Glutenfreier Pizzateig 2

Zutaten:

2 EL Rapsöl
250 g glutenfreies Mehl
½ TL Salz
135 ml lauwarmes Wasser
½ Würfel Frischhefe

Zubereitung:

Geben Sie das Mehl in eine Schüssel und drücken Sie in die Mitte eine Mulde. Dort die Hefe hineinbröseln und mit lauwarmem Wasser übergießen. Die Hefe mit dem Wasser verrühren und etwas von dem Mehl unterheben. Jetzt Öl und Salz hinzufügen und alles gut verkneten. anschließend den Teig so dünn wie möglich ausrollen und den Pizzaboden auf ein Backpapier und anschließend auf ein Backblech legen. Den fertigen Pizzaboden mit Zutaten nach Wahl belegen und im vorgeheizten Backofen bei 250 °C ca. 15 Minuten backen.

85. Glutenfreier Pizzateig 3

Zutaten:

450 ml lauwarmes Wasser
500 g glutenfreies helles Mehl
2 EL Olivenöl
1 Pack. Trockenhefe
1 TL Zucker
1 TL Meersalz

Zubereitung:

Mischen Sie das Mehl mit der Trockenhefe, dem Zucker und dem Salz. Danach Wasser und Öl hinzugeben und alles zu einem Teig verkneten. Ein Backblech mit Backpapier auslegen und den Teig drauflegen. Den Back- ofen auf 50 °C vorheizen und wieder aus- schalten. Danach das Backblech in den Ofen schieben und darüber einen mit einem feuchten Tuch bedeckten Gitterrost. Lassen Sie den Pizzaboden für ca. 30 Minuten ge- hen. Danach die Pizza mit den Zutaten Ihrer Wahl belegen. Nun Gitterrost und Tuch aus dem Backofen nehmen und die Pizza bei 220 °C Umluft ca. 20 bis 25 Minuten fertig backen.

86. *Glutenfreie Lauchzwiebel-Pfannkuchen*

Zutaten:

Öl
240 ml glutenfreies weißes Mehl
120 g fein geschnittene Lauchzwiebeln
60 g braunes Reismehl
1 TL Sesamöl
60 ml Wasser
Für den Dip:
1 Teil Reisessig
1 Teil glutenfreie Sojasauce
1 Teil Sesamöl

Zubereitung:

Vermischen Sie die Mehlsorten mit dem
Wasser und dem Sesamöl. Anschließend die
Lauchzwiebeln untermischen und das Ganze
mit dem Meersalz abschmecken. Erhitzen Sie
in einer beschichteten Pfanne reichlich Öl.
Dort kleine Teigkleckse hineingeben und ca.
2 Minuten von beiden Seiten ausbacken. Da-

nach müssen die Pfannkuchen auf einem Küchenpapier abtropfen. Anschließend etwas Salz drüberstreuen. Die Zutaten für den Dip zu gleichen Teilen vermischen und alles abschmecken.

87. Glutenfreie Pizzamuffins

Zutaten:

2 EL Olivenöl
250 g glutenfreie Mehlmischung
1 Knoblauchzehe
½ TL Salz
40 g feingewürfelte Salami
1 TL gemahlene Flohsamenschalen
3 EL geriebener Parmesan
1 TL Weinsteinbackpulver
1 EL italienische Kräuter
½ Pack. Trockenhefe
1 Ei
1 Prise Zucker
80 g Schmand
150 g lauwarme Milch

Zubereitung:

Mischen Sie das Mehl mit den Flohsamenschalen, dem Salz und dem Backpulver, bilden in der Mitte eine Mulde und streuen
dort die Hefe mit dem Zucker hinein. Den

Schmand mit der Milch verquirlen und auf die Hefe schütten. Etwas von dem Mehl einarbeiten und das Ganze 15 Minuten ruhen lassen. Danach Ei, Kräuter, Parmesan und Salami hinzugeben und alles zu einem Teig verkneten. Die Muffinformen einfetten und den Teig hineingeben. Die Oberfläche mit einer nassen Gabel spiralförmig von außen nach innen rühren und bei 40 °C ca. 25 Minuten gehen lassen. Danach den Backofen auf 230 °C vorheizen und darin die Muffins ca. 20 bis 25 Minuten backen. Nach 10 Minuten die Temperatur auf 200 °C reduzieren. Die feingehackte Knoblauchzehe ins Olivenöl geben und damit die noch heißen Muffins einpinseln.

88. Glutenfreies Tomaten-Mozzarella-Brot

Zutaten:

Für den Teig:

4 EL Öl
500 g glutenfreie helle Mehlmischung
1½ TL Salz
2 TL Flohsamenschalen
400 ml lauwarmes Wasser
1 Würfel frische Hefe
Salz und Pfeffer
4 - 5 EL Olivenöl
2 - 3 EL frisch gehackter Basilikum
1 große Tomate
200 g geriebener Mozzarella
3 - 4 getrocknete Tomaten in Öl eingelegt

Zubereitung:

Schneiden Sie die Tomate klein. Die getrock-
neten Tomaten und den Basilikum hacken.
Die Hefe in lauwarmem Wasser auflösen.

Alle trockenen Zutaten in eine Schüssel geben und vermischen. Danach die restlichen Zutaten und das Hefewasser hinzugeben und alles zu einem Teig verrühren. Den Teig auf eine bemehlte Arbeitsfläche legen und kurz mit den Händen verkneten. Anschließend zu einem ca. 0,5 cm dicken Rechteck ausrollen. Das Ganze mit Olivenöl bepinseln und den Teig mit beiden Tomatensorten, Mozzarella und Basilikum belegen. Alles mit Salz und Pfeffer würzen. Den Teig in Stücke in Größe einer Kastenform schneiden und eine solche. mit Backpapier auslegen. Die Teigscheiben aufeinanderlegen und hochkant in die Form stellen. Die Teigoberfläche mit dem restlichen Olivenöl bepinseln und das Ganze ca. 60 Minuten gehen lassen. Im vorgeheizten Backofen muss alles bei 200 °C Ober- / Unterhitze ca. 40 bis 45 Minuten auf mittlerer Schiene backen. Danach das Brot aus dem Ofen nehmen und in der Form ausdampfen lassen. Danach auf ein Kuchengitter stellen.

89. Glutenfreier Flammkuchen

Zutaten für 1 Blech:

Für den Teig:

½ TL Salz
200 g glutenfreie helle Mehlmischung
3 EL Öl
1 TL Flohsamenschalen
200 ml lauwarmes Wasser

Für den Belag:
Schnittlauchröllchen
300 g Schmand
Pfeffer
3 EL Milch
2 Zwiebeln
120 g Speck

Zubereitung:

Rühren Sie die gemahlenen Flohsamenschalen in dem lauwarmen Wasser ein und lassen
Sie diese für 1-2 Minuten quellen. Geben Sie

alle Zutaten für den Teig in eine Schüssel und kneten Sie alles durch. Wickeln Sie den fertigen Teig in eine Frischhaltefolie und legen Sie diese in den Kühlschrank. Verrühren Sie den Schmand mit der Milch und dem Pfeffer glatt und stellen Sie die Mischung zur Seite. Schneiden Sie den Speck in Streifen. Die Zwiebel halbieren Sie und schneiden diese in feine Ringe. Rollen Sie den Teig auf einer bemehlten Arbeitsfläche dünn aus. Legen Sie ein Backblech mit Backpapier aus und geben Sie den Teig darauf. Die Schmandcreme streichen Sie auf den Teig und belegen alles mit dem Speck und den Zwiebeln. Lassen Sie den Flammkuchen für ca. 12-14 Minuten bei 225°C Ober-/Unterhitze backen. Danach stellen Sie das Backblech auf den Backofenboden und lassen alles für weitere 4-5 Minuten backen. Zum Schluss bestreuen Sie alles mit den Schnittlauchröllchen.

90. Glutenfreie Schinken-Käse-Muffins

Zutaten für 12 Stück:

Paprikapulver
160 g gekochter Schinken
Salz und Pfeffer
2 Zwiebeln
1 Pack. Backpulver
1 Bund Schnittlauch
180 g Naturjoghurt
160 g glutenfreies Mehl
2 Eier
180 g geriebener Emmentaler
60 g Öl

Zur Dekoration:

Schnittlauch
300 g Naturfrischkäse
gelbe Paprikastreifen
3 TL Paprikapulver
glutenfreie Salzbrezeln
Salz

Zubereitung:

Papierförmchen in ein Muffinblech legen.
Zwiebeln und Schinken würfeln, die Zutaten
für den Teig in eine Schüssel geben, verrühren und in die Papierförmchen füllen. Die
Muffins im vorgeheizten Backofen auf mittlerer Schiene bei 175 °C Ober- / Unterhitze ca.
30 Minuten backen und danach auskühlen
lassen. Zur Dekoration Frischkäse mit Paprika
und Salz verrühren, in einen Spritzbeutel füllen und mittig einen Streifen auf die Muffins
spritzen. Darauf einen gelben Paprikastreifen
legen. Die Salzbrezeln rechts und links als
Flügel danebenlegen. Mit den Schnittlauchröllchen werden die Fühler gebildet.

91. Glutenfreie Hörnchen mit Frischkäse

Zutaten:

Kümmel zum Bestreuen
1 Pack. tiefgefrorener Blätterteig
1 EL Milch
100 g Kräuterfrischkäse
1 Eigelb
1 Scheibe gekochter Schinken
1 TL Kräuter der Provence

Zubereitung:

Schneiden Sie den Schinken in kleine Würfel
und mischen Sie diese mit den Kräutern in
den Kräuterkäse. Den aufgetauten Blätterteig vorsichtig ausrollen und mit einem Nu-
delholz etwas vergrößern. Daraus dann 12 x
12 cm große Quadrate ausschneiden und jeweils eine Ecke mit Wasser bestreichen. Von
der Masse je 1 TL in die Mitte der Quadrate
geben und über die Ecke aufrollen. An den
befeuchteten Ecken fest andrücken. Legen
Sie die Hörnchen auf ein Backblech. Dann

das Eigelb mit der Milch verrühren und damit die Hörnchen bestreichen. Zum Schluss alles mit Kümmel bestreuen. Die Hörnchen werden bei 180 °C ca. 15 bis 20 Minuten gebacken und noch warm serviert.

92. *Glutenfreie Pizza-Waffel*

Zutaten:

Öl für das Waffeleisen
150 g Butter
1 TL Backpulver
½ TL Salz
Thymian
3 Eier
2 EL feingehackte Kräuter
1 Becher Joghurt (ca. 150 g)
50 g fein gewürfelte magere Salami
80 g feiner Maisgrieß
80 g frisch geriebener Parmesan
80 g glutenfreies helles Mehl

Zubereitung:

Rühren Sie die Butter mit dem Salz und den Eiern schaumig. Danach den Joghurt untermischen. Jetzt Maisgrieß, Mehl und Parmesan hinzufügen. Die Mischung zur Joghurtmasse geben und alles durchrühren. Danach Salami sowie Kräuter unterheben und die

Masse ca. 20 Minuten ruhen lassen. Das Waffeleisen vorheizen und vor dem Backen einfetten. Dann den Teig portionsweise in das Waffeleisen geben und die Waffel ausbacken.

93. Pikante glutenfreie Kekse

Zutaten:

Oregano nach Bedarf
125 g glutenfreies Mehl
Paprikapulver nach Bedarf
50 g Frischkäse
etwas Salz
1 Eigelb
50 g Butter

Zubereitung:

Kneten Sie alle Zutaten zu einem Teig, würzen Sie ihn mit Salz und Oregano und stellen ihn anschließend 25 Minuten lang kalt. Danach aus dem Teig ca. 20 kleine Kugeln formen und plattdrücken. Dann mit Paprikapulver bestreuen und auf ein mit Backpapier ausgelegtes Backblech legen. Die Kekse werden bei 180 °C ca. 10 bis 15 Minuten gebacken.

94. Glutenfreie Wraps

Zutaten für 6 Stück:

½ TL Salz

15 g frische Hefe

1 TL Backpulver

ca. 150 ml lauwarmes Wasser

15 g Flohsamenschalenpulver

80 g helles Reismehl

50 g Kartoffelstärke

80 g Kochbananenmehl

150 ml Sahne

Zubereitung:

Lösen Sie die Hefe in lauwarmem Wasser auf. Reismehl mit dem Kochbananenmehl, der Kartoffelstärke, den Flohsamenschalen, Backpulver und Salz vermischen. Anschließend die restlichen Zutaten hinzugeben und alles gut verrühren. Den Teig für ca. 30 Minuten an einen warmen Ort stellen. Danach den Teig kneten und in 6 Stücke teilen. Die Teigstücke auf eine bemehlte Arbeitsfläche legen und dünn ausrollen. Eine beschichtete Pfanne erhitzen und die Teigfladen ohne Fett darin von beiden Seiten ca. 1 bis 2 Minuten ausbacken. Die fertigen Wraps aus der Pfanne nehmen und aufrollen.

95. Glutenfreie Speck-Brötchen

Zutaten für 8 Stück:

Öl zum Bestreichen

300 g glutenfreies Mehl

80 g gewürfelter Speck

1 TL Xanthan

1 EL Öl

15 g frische Hefe

½ TL Salz

320 ml lauwarmes Wasser

1 Prise Zucker

Zubereitung:

Sieben Sie das Mehl in eine Schüssel und drücken Sie in die Mitte eine Mulde. Dort die Hefe hineinbröseln und den Zucker darüberstreuen. Nun etwas Wasser hinzugeben und etwas Mehl hineinrühren. Alles abdecken und ca. 10 Minuten an einem warmen Ort gehen lassen. Danach die restlichen Zutaten hinzufügen und alles verrühren. Legen Sie ein Backblech mit Backpapier aus. Aus dem

Teig 8 Brötchen formen und auf das Backblech legen, die Brötchen mit Öl bepinseln und nochmals zudecken. Die Brötchen müssen ca. 45 Minuten an einem warmen Ort gehen. Im vorgeheizten Backofen müssen sie auf der mittleren Schiene bei 200 °C Ober- / Unterhitze ca. 25 Minuten backen. Die fertigen Brötchen auf einem Kuchengitter auskühlen lassen.

96.Glutenfreies Fladenbrot mit Knoblauch

Zutaten für 8 Fladen:

1 1/4 Tassen warmes Wasser
5 g Trockenhefe
4 Knoblauchzehen
350 g Mini-Pizzateig-Mischung
glutenfreies Mehl
1/3 Tasse Olivenöl

Zubereitung:

Geben Sie die Hefe und das Wasser in eine Schüssel, fügen Sie die Teigmischung und 1 EL Öl hinzu und verrühren Sie alles zu einem Teig. Den Teig auf eine bemehlte Fläche legen und zu einer Kugel formen. Dann den Teig ca. 30 Minuten an einem warmen Ort gehen lassen. Anschließend in 8 Portionen teilen und in ca. 20 cm große Fladen ausrollen. Im Backofen eine eingefettete Grillplatte erhitzen. Den Knoblauch durch eine Presse drücken, zu dem restlichen Öl geben und die Oberseite der Fladen damit bepinseln. Die

Fladen von beiden Seiten ca. 2 bis 4 Minuten anrösten. Danach umdrehen und die zweite Seite bepinseln. Diese ebenfalls ca. 4 Minuten anrösten. Die fertigen Fladen auf einen Teller legen und warmhalten. Mit den restlichen Fladen verfahren Sie nach demselben Prinzip.

97. Glutenfreie Lachsrolle

Zutaten für 18 Stück:

200 g Räucherlachs
100 g glutenfreie Mehlmischung
2 - 3 TL Meerrettich
100 ml Milch
1 Bund Schnittlauch
4 Eier
200 g Crème fraîche
8 EL Mineralwasser
etwas Öl für das Blech
Salz und Pfeffer

Zubereitung:

Verrühren Sie das Mehl, die Milch und die Eier. Die Mischung mit Salz und Pfeffer würzen und das Ganze ca. 15 Minuten quellen lassen. Ein Backblech mit Backpapier auslegen und bei 200 °C im Ofen erhitzen. Das Wasser unten den Teig rühren. Das Backblech aus dem Ofen nehmen und gleichmäßig mit Öl bestreichen. Darauf den Teig großzügig verteilen und ca. 12 Minuten backen. Den Schnittlauch fein hacken und mit Crème fraîche und dem Meerrettich verrühren. Mit der Crème den lauwarmen Boden bestreichen und den Lachs darauf verteilen. Den Boden vorsichtig aufrollen und etwas ruhen lassen. Danach die Rolle in Scheiben schneiden.

98. Glutenfreie Hack-Muffins

Zutaten für 12 Stück:

400 g Karotten
1 Prise Salz und Pfeffer
200 g Hackfleisch
1 EL Kokosöl
4 kleine rote Zwiebeln
2 TL Currypulver
2 Eier

Zubereitung:

Heizen Sie den Backofen auf 180 °C vor. Die Zwiebeln fein hacken, die Karotten schälen und fein raspeln. Die Zwiebeln im Kokosöl anbraten und das Hackfleisch hinzugeben. Die Eier mit Curry, Salz und Pfeffer schaumig schlagen. Darunter das gebratene Hackfleisch und die Karottenraspeln heben. Den Teig in die eingefetteten Muffinformen geben und bei 180 °C ca. 50 Minuten backen.

99. Glutenfreie Süßkartoffeln-Thunfisch-Muffins

Zutaten für 12 Stücke:

Muffinformen
3 Frühlingszwiebeln
1 Prise Salz und Pfeffer
300 g Süßkartoffeln
3 Eier
½ Zitrone
3 EL Ghee
1 Handvoll frischer Koriander
1 Prise Chili
300 g Thunfisch im eigenen Saft

Zubereitung:

Heizen Sie den Ofen auf 180 °C vor. Die Frühlingszwiebeln waschen und in Ringe schneiden. Die Süßkartoffeln schälen und in 2 cm große Würfel schneiden. Die Kartoffelwürfel in einen Topf mit kochendem Wasser geben und ca. 10 Minuten kochen. Danach die Kar-

toffeln abgießen und mit einem Kartoffel-
stampfer zerdrücken. Reiben Sie die Schale
von der Zitrone. Den Koriander waschen, tro-
ckenschütteln und hacken. Den Thunfisch
auf einem Sieb abtropfen lassen und mit
Frühlingszwiebeln, Süßkartoffeln, Zitronenschale, Koriander, Chilipulver, 2 EL Ghee und
den Eiern vermischen. Alles mit Salz und
Pfeffer abschmecken. Mit 1 EL Ghee die
Muffinformen einfetten und die Thunfisch-
Masse hineingeben. Die Muffins ca. 25 Minuten backen. Sobald sie fertig sind, müssen sie
vorsichtig aus der Form gelöst werden.

100. Glutenfreie Kartoffel-Waffeln

Zutaten für 12 Waffeln:

Öl für das Waffeleisen
300 g Pellkartoffeln
Salz, Pfeffer und Kräuter der Provence
4 Eier
90 g glutenfreies helles Mehl
5 EL Sahne
3 EL frisch geriebener Parmesan
5 EL Milch
30 g Maisgrieß
3 EL Magerquark

Zubereitung:

Die Kartoffeln schälen und durch eine Kartoffelpresse drücken. Die Eier aufschlagen und
mit Sahne, Milch und Quark vermischen. Danach das Mehl und den Maisgrieß zu den
Kartoffeln geben und alles gut verrühren.
Das Waffeleisen einfetten und darin die Waffeln knusprig backen.

101. Glutenfreie Zucchini-Muffins

Zutaten:

Fett für die Muffinform
200 g Zucchini
Puderzucker zum Bestreuen
3 Eier
1 EL Cognac
100 g Vollrohrzucker
1 Prise Nelkenpulver
1 Pack. Bourbon-Vanillezucker
½ TL Zimt
150 g gemahlene Nüsse
50 g glutenfreies helles Mehl

Zubereitung:

Die Zucchini schälen und fein reiben. Die Eier trennen und das Eiweiß steif schlagen. Das Eigelb mit dem Zucker und Vanillezucker schaumig rühren. Vorsichtig Zucchini, Mandeln, Mehl, Zimt und Rum unterrühren. Danach den Eischnee unterheben. Die Muffinformen einfetten und die Masse hineinfüllen.

Die Muffins werden im Backofen bei 180 °C ca. 20 bis 25 Minuten gebacken. Danach die Muffins aus der Form lösen und auf einem Gitter auskühlen lassen. Sobald die Muffins völlig abgekühlt sind, können sie mit Puderzucker bestreut werden.

Haftungsausschluss:

Auch wenn der Inhalt mit großer Sorgfalt geprüft und erstellt wurde, kann für die Richtigkeit und Gültigkeit keine Garantie übernommen werden. Der Inhalt mit den entsprechenden Informationen in diesem Buch dient nur dem Unterhaltungszweck. Das Buch ist nicht dazu bestimmt in irgendeiner Form einen medizinischen oder professionellen Rat zu ersetzen. Jede Aussage dieses Buches ist aus eigener Erfahrung und/oder aus bestem Wissen getroffen worden. Das Buch beinhaltet allgemeine Strategien und kann nicht als Anleitung verstanden werden. Ob und wie eventuelle Ratschläge in die Tat umgesetzt werden, liegt einzig und allein am Leser dieses Buches. Der Autor haftet nicht für eventuelle Schäden oder nachhaltige Auswirkungen, die in direktem oder indirektem Zusammenhang mit dem Inhalt dieses Buches stehen.

Impressum

© Dora Fidler

1. Auflage 2019 Alle Rechte vorbehalten.
Nachdruck, auch auszugsweise, verboten.
Kein Teil dieses Werkes darf ohne schriftlich
Genehmigung des Autors in irgendeiner
Form reproduziert, vervielfältigt oder ver-
breitet werden.

Kontakt: Nancy Troike /Berlin

Covergestaltung: Germancreativ

Coverfoto: Depositphotos.com

Taschenbuch wird gedruckt bei: Amazon Me-
dia EU S.á r.l., 5 Rue Plaetis, L- 2338, Luxem-
bourg

Printed in Great Britain
by Amazon